운명 따위
엉덩이를
걷어차 버려!

운명 따위 엉덩이를 걷어차 버려!

안드레아 오언 지음 | **임가영** 옮김

홍익출판 미디어그룹

차 례

감사의 말

소박한 전원에서 어린 시절을 보내게 해주신, 가진 것 안에서 늘 최선을 다하신 나의 부모님. 내가 나답지 않을 때, 하지만 진정한 나를 찾아가는 길에 서 있을 때 내게 와준 남편 제이슨. 당신의 인내와 사랑, 다정함은 내겐 언제나 큰 선물이야. 콜튼과 시드니, 내 아이들. 너희들의 존재는 엄마가 더 나은 사람이 되도록 일깨워준단다.

그 존재와 에너지만으로 나를 완전하게 만들어준 나의 강한 여성 동지들, 큰 이모 노엘 여사님을 비롯한 나의 이모들과 주디 언니. 애나마리아 로벤, 카리나 피들러, 샌디 호란(그리고 그녀의 추종자들… 누구 얘긴지 알죠?). 언제나 나보다 몇 살은 더 먹은 어른 같은 내 단짝 에이미 스미스. 너의 지혜와 가르침 덕분에 난 매일 더 나은 여성이 되어가. 코트니 웹스터, 카르멘 하트만, 용기가 필요할 때 나의 몸과 마음을 있는 그대로 사랑스럽다 말해준 최고의 심리 상담사 셸비 크리스만!

그리고 이 책을 출간할 수 있도록 도와주신 모든 분들. 나의 에이전트 미셸 마틴과 나를 찾아와(!) 나의 메시지와 목소리, 내가 쓴 글을 믿어준 아담스 미디어 출판사. 자나 슈버스, 헬렌 하우스, 그리고 데비 레버. 당신들이 없었다면 나는 스스로 만들어낸 비극 속에서 길을 잃고 말았을 거예요.

그리고 나를 따르고, 내게 영감을 주고, 힘을 준 끝내주게 멋진 사람들. 이 책을 당신들께 바칩니다.

마지막으로 전 남편. 당신 덕에 이 책을 쓸 수 있었어. 고마워. 내게 자유를 안겨준 것, 그걸로 난 당신에게 영원히 감사해.

2006년 2월 13일

밸런타인데이에 남편과 저녁식사를 하기로 했었다. 당시 우리는 별거 중이었고 앞으로 결혼생활에 어떤 일이 생길지 누구도 알지 못했다. 우리 관계는 좋아졌다가 나빠지기를 반복했다. 어느 날은 함께 헤쳐 나가보자고 다짐했지만 또 어떤 날은 관계가 악화되어서 남처럼 굴었다. 문득 나는 그가 몇 시쯤 도착할까 궁금해졌다.

남편의 휴대전화로 전화를 걸었는데 전화를 받은 건 여자였다. 사실 나는 지난 몇 달 동안 남편이 바람을 피우고 있을 거라 의심하고 있었고, 우리가 별거하게 된 주된 이유 중 하나도 바로 그 문제였다. 남편은 부인해왔지만 그 여자가 남편의 전화를 받은 순간 나는 알 수 있었다.

이름을 묻자 여자는 자신의 이름을 말해주었다.

나는 주저하지 않고 "당신, 내 남편이랑 잤어요?"라고 물었다.

여자의 대답은 이랬다. "그 질문이라면, 할 얘기가 좀 있어요."

그 순간 나는 내 결혼 생활이 끝났다는 걸 깨달았다.

2006년 10월

곧 전 남편이 될 사람의 부모님 집에서 내 물건이 담긴 상자들을
혼자 다락에서 끄집어내고 있던 어느 날, 커다란 상자를 들고 엉거
주춤 계단에서 내려서는데 현관문 손잡이가 돌아가는 게 보였다.
다음 순간 남편이 들어왔고, 그 뒤를 남편의 애인이 따라 들어왔
다. 여자는 임신 7개월이었다.

별거 당시 우리는 첫아이를 계획하고 있었다. 그런데 이 여자가
나타난 것이다. 그것도 임신한 채로.

둘은 이미 한집에 살고 있었고, 개를 함께 키우는 것도 모자라,
아이까지 가졌다. 그날 그 여자를 본 나는, 사람이 마음이 부서져
서 죽을 수도 있을까 궁금해졌다.

그 후 몇 달 동안 나는 예의 그 '각성기'를 보냈다. 세상은 내 어
깨를 부여잡은 채 세차게 흔들어 내 안의 쓰레기들을 탈탈 털어냈
고, '당장 정신 차려!' 하고 나를 다그쳤다. 우리가 함께한 13년 동
안 나는 우리의 관계를 자신을 옭아매는 데 써왔다. 내 인생은 온
통 그 사람 위주였는데, 그건 그저 사랑이 고팠기 때문이었다. 그
게 그 사람의 잘못이었을까? 아니, 그건 아니었다.

나는 내 인생에 책임을 져야 했다. 내 인생은 오롯이 나 혼자 만

든 것이었으니까. 겉으로 보기에 나는 행복한 사람이었다. 하지만 내면에서는 늘 비명을 지르고 있었다. 나는 늘 내게 문제가 있으며, 남편이 변해준다면 모든 것이 좋아질 거라고 확신했다. 그렇게만 해준다면 모든 게 완벽해질 것이라고 믿었다.

그리고 2006년 10월, 세상은 내게 '인생으로의 편도 티켓'을 한 장 끊어주었다. 그 열차에 탑승하느냐 그냥 지금 이곳에서 쓰라린 가슴을 안고 분노와 원망으로 세월을 보내며 피해자로 남느냐. 선택은 전적으로 내 몫이었다.

나는 모든 것을 다 바쳐 스스로를 구하는 일에 뛰어들었다. 이 책은 이 사건, 그리고 더 많은 사건들을 겪으면서 내가 스스로를 치유하며 얻은 깨달음 그 자체라고 할 수 있다.

★

치유가 쉽지 않으리란 건 알고 있었다. 사실 내가 가장 듣기 싫어하는 말이 바로 '말이야 쉽지'인데, 이제 와서 하는 말이지만 과거엔 나도 늘 이 말을 달고 살았다.

그런데 왜인지 몰라도 지난 몇 년 동안은 그 말을 들을 때마다 자동으로 이렇게 반응하게 됐다. '당신이나 헛소리 마.'

맹세컨대 난 다시는 '말이야 쉽지'라는 이 단정적인 말을 누구에게도 결코 하지 않을 것이다. 진짜 심각한 문제는 이 말이 인생의 지혜나 치유와 극복이라는 주제에 대해 이야기할 때 늘 어디선가 따라붙는다는 것이다.

그러니 본격적인 이야기를 시작하기에 앞서, 인정할 건 인정하자. **인생은 어렵다. 치유는 아프다. 그리고 대부분의 사람들은 앞으로 나아가는 걸 두려워한다.**

어떤 인생을 살고 싶은지 이야기하는 건 누구에게나 쉬운 일이다. 사사건건 불평을 늘어놓는 것 역시 마찬가지. 하지만 실제로 변화해보자고 이야기한다면? '에이… 말이야 쉽지.'

어떤 사람들은 그 자리에 주저앉아 말만 해대기 일쑤다. 핑계를 대거나, 자신을 불행하게 하는 이런저런 일들과 지금 처한 상황에 대해 불평을 하기도 한다. 그들에게 변한다는 건, 스스로를 위해 노력한다는 건 '말이야 쉬운 일'이다. 그래서 그들은 결코 변하지 않는다.

하지만 나는 동의할 수 없다. 더 이상의 핑계도 용납할 수 없다. 그렇게 따지면 세상에 '말이야 쉽지'라는 말이 적용되지 않는 일이 어디 있겠는가? 행동이 뒷받침되지 않는 말은 아무 의미도 없는 법. 우리 모두가 그 사실을 알고 있다.

분명한 한 가지는 내 갈 길을 가며 충만하고 행복한 인생을 살기 위해서는 노력이 필요하다는 것이다. 자신을 위해, 과거를 극복하기 위해, 문제를 해결하기 위해, 중독에서 벗어나기 위해 노력해야 한다. 물론 이런 노력들이 쉬운 일이라면 세상은 적어도 지금보다는 더 나은 곳이었을 터다.

변화가 어려운 건 사실이다. 하지만 도움을 얻고자 하면 방법은 무궁무진하다. 책, 심리 상담사, 코치, 지지 단체 등을 활용할 수 있고 인터넷상에서도, 인터넷 밖에서도 도움을 구할 수 있다. 그 누구의 도움도 없이 훌륭한 인생을 일군 사람은 적어도 내가 아는 한 존재하지 않는다. 내가 아는 이들은 모두 도움을 받았고, 단호하게 행동에 나섰고, 스스로를 위해 아주 많은 노력을 기울였다. 그중 누구도 그 과정이 쉬웠다고 말할 사람은 없을 것이다. 실제로도 그들의 노력이 생리대 광고에서처럼 쉽고 산뜻해 보이진 않았다.

그럼에도 불구하고, 당신은 할 수 있다. 이 책으로 시작해보는 건 어떨까? 당신이 지금 서 있는 곳이 인생의 어느 지점이든, 나와 똑같은 사연으로 상처받은 사람이든, 아니면 당신만의 상처를 가진 사람이든… 나는 당신을 위해 이 책을 썼다. 이제 지치는 일에도 지쳐버린 수많은 여성들, 직면한 문제에 정면으로 맞서고 쓰레기들은 치워버릴 준비가 된 사람들, 더 큰 게임 판에 뛰어들 준비가 된 이들을 위해.

이미 알고 있겠지만 나답게 멋진 인생은 거저 얻을 수 있는 것이 아니다. 하지만 어떻게 해야 그 인생에 들어설 수 있을지 방법을 나는 알고 있다. 지금부터 이 책의 조언을 실천하고, 스스로를 솔직하게 평가하고, 문제에 정면으로 맞서자. 그러면 어느새 멋진 인생은 당신 것이 되어 있을 것이다.

당신이 가진 것들 중에서 가장 소중한 건 바로 당신이다. 당신은 값을 매길

수 없을 만큼 소중한 사람이고, 세상의 모든 행복하고 충만한 일을 다 경험해볼 자격이 있는 사람이다. 인생은 짧다. 그리고 당신 안에는 어마어마한 사랑의 힘이 넘쳐흐르고 있다. 단 하나, 당신에게 필요한 것은 스스로 원하는 결과를 만들어낼 수 있다는 한 스푼의 믿음뿐. 저 문에 나 있는 깨진 틈을 찾아 그리로 달려 나가보자.

여성들이여, 당신의 방식대로 살고, 사랑하고 배워라.

따뜻한 포옹과 키스를 담아,

안드레아
매사추세츠 에이번에서

PART 01

눈치없이 산다,
거침없이 간다
MY WAY!

01
내 인생
내가 책임지기

끝내주게 멋진 존재감을 과시하고 싶다면, 그 여정은 당신의 인생을 책임지는 것부터 시작해야 한다.

손가락을 매섭게 치켜세우고 자신의 불행을 다른 사람의 탓으로 돌리고 있는가? 아니면, 난 원래부터 '뭘 해도 안 되는 삶'이라고 자포자기한 상태인가? 그럼 이건 당신을 위한 이야기가 맞다.

스스로 주최한 우울 파티에 매번 초대 손님으로 등장해 피해자 역할을 하고 있는가? 그렇다, 당신에게 하는 말이다.

'내가 얼마나 힘든지 알기나 해? 내가 얼마나 끔찍한 일들을 겪었는지 알고나 이러냐고!'라고 생각하는가?

진실을 말하자면 슬픈 사연은 누구에게나 있다. 그리고 그중엔 정말 가슴 아픈 일들도 있긴 하다. 그런 점에서 당신이 남들보다 유난히 특별할까? 아니다. 그건 나도 마찬가지고, 옆집에 사는 이름 모를 여자도, 당신이 즐겨 보는 연예 프로그램에 등장하는 여배우라도 마찬가지다. 정말 인정하기 싫겠지만, 당신의 '상황 탓하기 대회'가 길어지면 길어질수록 스스로와 주변 사람들에게 끊임없이 성토를 하게 되고, 결국은 그 대회 속에 더 오래 갇히게 된다는 사실. 그걸 원하는가? 그 속에서 평생 살고 싶은 건 아닐 것이다. 그럼 이야기 속 피해자 역할부터 당장 벗어던지자.

상황이 아무리 나빠도 그게 당신의 불행할 운명을 결정하진 않는다. 상황이란 현실이자 인생 경험일 뿐 그 외에 다른 어떤 것도 의미하지 않는다. 요점은 여러 **상황들**이 모여 만들어진 게 인생이라는 것. 그렇다면 당신의 **기분**과 스스로에 대한 **믿음**, 그리고 지금의 현실을 결정하는 건? 바로 당신이 그 상황에 어떻게 대처하고 상황을 **어떻게 생각하는가**라는 말씀.

예를 하나 들어보면 작년에 당신은 무지하게 먹고 운동이라고는 전혀 하지 않았다. 그 결과 10킬로그램이 쪘다고 가정해보자. 그리고 이제 당신은 그 살을 빼고 싶어졌다.

상황: 원하는 것보다 몸무게가 10킬로그램 더 나간다.

당신은 이렇게 생각한다: 난 뚱뚱하고, 게으르고, 매력 없어.

그리고 이렇게 믿는다: 난 절대 원하는 사람과 데이트를 할 수도, 승진을 할 수도 없을 거야. 왜냐? 난 뚱뚱하니까.

분명 슬픈 **기분**이 들 것이다. 자존감도 낮아지고 스스로 쓸모없는 인간이라고까지 느낄 수도 있다. 그런 기분에 빠져 있을 때 어떤 행동을 하게 되는가? 일반적으로 슬프고 자존감 낮은 사람들이 건강한 생활 습관을 가지고 운동도 할까? 아마 아닐 것이다.

이런 패턴의 생각과 기분을 문제 삼는 이유는 당신이 늘 하는 생각이 행동에 그대로 반영되기 때문이다. 결국 당신은 더 많이 먹고, 운동은 하지 않고, 자책과 부정적인 생각의 소용돌이에 빠져 기분만 더 상하게 될 것이다. 그땐 정말 '난 뚱뚱하고 못생겼어'라는 당신의 생각을 행동이 뒷받침하게 된다. 이 악순환의 고리에 한 번 사로잡히면 빠져나오기가 쉽지 않다.

다시 한 번 말하지만 당신의 기분을 좌우하는 건 처한 상황이 아니다. 범인은 바로 당신, 상황을 그런 식으로 생각해버리는 당신이다. 믿기 어렵겠지만 당신의 인생에서 부정적인 생각들을 끌어안고 가기로 선택한 사람은 다름 아닌 당신이다.

인생은 크고 작은, 의식적으로 그리고 무의식적으로 내리는 선택들로 가득하다. '이곳에 취직을 할지 말지', '이 사람과 헤어질지 말지'와 같은 결정들이 당신을 몰아붙이기도 하고, 때론 '여러 생각들 중 뭘 선택할지'와 같은 조금 미묘한 결정들을 내려야 할 때도 있다. 하지만 한 가지는 분명하다. 물론 훈련을 해야겠지만 당신은 결국 스스로 태도를 바꾸게 될 것이고, 원하는 마음가짐을 선택할 수도 있게 되리란 것이다. 스스로를 비판하고 깎아내리는 습관도 벗어버리고, 더 나은 선택을 할 수 있게 될 것이다.

이제 부정적인 **생각**을 긍정적인 생각으로 바꾸고, 긍정적인 **믿음**을 당신의 것으로 만들 차례다. 믿음은 종종 즐거운 **기분**으로 이어지곤 하는데 즐거운 기분과 확고한 믿음, 긍정적인 생각을 가진 사람은 더 현명한 선택을 내리게 되어 있다. 또 그 선택들은 더 나은 **상황**, 그리고 멋진 마이웨이 인생으로 이어지게 된다.

지금부터 당장 전부 바꾸라는 얘기는 아니다. 과한 욕심을 내거나 지나치게 단언하는 건 오히려 금물이다. 이 단계에서는 평소 자신의 생각들을 돌아보고, 부정적인 생각을 자각하는 일로 충분하

	부정적 선택	긍정적 선택
상황	체중 10킬로그램 초과	체중 10킬로그램 초과
생각	난 뚱뚱하고 게으르고 매력이 없어.	더 건강한 식단과 운동으로 살을 뺄 거야.
믿음	좋은 애인, 일자리, 이런 건 절대 못 가질 거야. 난 뚱뚱하니까.	더 건강하게 먹고 운동하면 에너지가 많이 생기겠지? 기분이 더 좋아지면 좋겠어.
기분	슬픔, 낮은 자존감, 심지어 스스로 무가치하다고 느낌	도전의식, 의욕, 자신감, 자존감
결과	체중 그대로 유지	체중 감량 성공, 기분 좋음

다. 이제 이 노력에 얼마나 멋진 효과가 있는지 살펴보자.

앞에서 확인했듯 부정적인 생각을 긍정적인 생각으로 바꾸는 것만으로도 결과는 크게 변한다. 어떤 생각이나 믿음을 내 것으로 만드는 일이 꼭 어려운 것은 아니다. 우리 중 누군가는 강한 확신에 차서 혼인 신고서에 서명을 하고 결혼을 한다. 그 과정에서 다른 길은 볼 수도 없고 돌아볼 생각도 들지 않는다. 이게 바로 믿음을 내 것으로 만드는 일이다.

긍정적인 선택지를 내 것으로 만드는 일이 어렵게 느껴진다면, 자신의 모습을 한번 돌아보자. 그동안 부정적인 선택지들은 다 누구 것이었던가? 당신은 할 수 있다.

이번엔 당신이 사실이라고 믿는 것에 대해 예를 들어 설명하겠다. 당면한 상황(예: 빚을 진 상태)이 아니라 당신이 '믿고 있는 것'에 대한 이야기다. 예컨대 당신은 '난 이 빚더미에서 벗어날 수 없을 거야'라는 생각에 사로잡혀 있다. 이제 스스로에게 '만약 내가 틀렸다면?'이라고 되물어보자. 상황을 완전히 부정하는 말을 하거나 지나치게 큰 다짐을 되풀이할 필요는 없다. 그저 내 판단이 틀렸다면 어떨지 의심해보는 것으로 충분하다.

만약 빚에서 벗어날 수 있다면 어떨까? 그냥 한번 생각해보는 거다. 상황에 대한 스스로의 판단 때문에 기분이 상하거나 주눅이 들 때 시도할 만한 방법이다. 이를테면 '잘생긴 남자들은 죄다 동성애자이거나 임자가 있지'라거나 '헬스장에 가기엔 난 너무 뚱뚱해'와 같은 생각을 예로 들 수 있다.

하지만 만약, 당신의 판단이 틀렸다면 어떨까?

이번엔 조금 다른 관점에서 살펴보겠다. 종종 여성들은 스스로를 주눅 들게 하는 생각에 사로잡히곤 하는데 그럴 필요도 없는 일에 과민하게 반응하기 때문이다. 우린 어떤 일을 가지고 마음속에서 부정적인 드라마 한 편을 만들어내고는(한 번도 그런 적 없다고 말할 수 있는 사람?) 자기도 모르게 혼란에 빠지거나, 심지어 자신의 장례식 계획을 세우기에 이른다.

이런 상황에서 내가 늘 하는 질문이 있다. '만약 그게 그렇게 큰일이 아니라면?' 스스로 한 발 물러서서 그 일이 본인의 생각만큼 큰일인지 살펴보고 나면, 대체로는 '그렇지 않다'는 결론을 내리게 된다. 인생을 있는 그대로 받아들이자. 내 상황, 생각, 감정, 믿음 그 무엇이 됐든, 스스로 인생에 책임을 지기 시작하면 내 인생을 더 나은 인생으로 변화시킬 수 있다. 그러면 행복으로 이어지는 똑똑한 결정들은 덤으로 따라온다.

아버지께서 해주신 최고의 조언 중 하나는 '무언가를 억지로 할 필요는 없다. 하지만 그것도 결국 네가 한 선택이라는 것만 잊지 마라. 너의 선택은 결과를 낳는다는 걸 알아두거라'였다. 그리고 아버지의 말씀은 100퍼센트 옳았다.

02

안전지대
밖으로 돌격!

많은 사람들에겐 자신만의 '안전한 작은 섬'이 있다. 그들은 이 안전지대에서 절대 멀리 벗어나고 싶어 하지 않는다. 그러다가 안전지대 밖으로 억지로 끌려 나왔을 때에는 식은땀을 흘리고, 주먹을 휘두르고, 내면의 괴물을 그대로 드러내 보이며 무너지고 만다.

인생이 안전하길 바라는 것을 나쁘다고만 말할 수는 없다. 인간은 누구나 안전함을 갈망하고 필요로 하게 되어 있다. 그래서 우리는 때때로 '안전함'을 자동차의 좌석벨트처럼 느끼곤 한다. 길을 건너기 전에 차가 오는지 살피는 일이나, 더러운 것을 피하는 일이나, 익히지 않은 고기를 먹지 않는 것도 같은 맥락이다. **하지만 당신의 인**

생을 멋지게 만드는 진짜 마법은 안전지대 밖에서 일어난다.

곰곰이 생각해보자. 인생을 살면서 달성한 목표 중 당신에게 크나큰 행복과 충만함을 안겨준 것이 있다면, 그것은 분명 당신을 조금은 힘들게도 했을 것이다.

스스로의 한계를 넓히고, 내 앞을 가로막은 편견에 저항하고, 두려움을 조금은, 때로는 아주 많이 참아내야 했을 게 분명하다. 학생회장에 출마하는 일이든, 데이트 신청을 하는 일이든, 취직에 도전하는 일이든, 이 모든 일들을 위해서는 자신의 한계를 조금은 넓혀야 한다.

다른 사람들이 이룬 것들을 보면서 '나보다는 쉬웠겠지'라고 생각한 적이 있는가? 그건 전혀 사실이 아니다. 당신이 동경하는 사람이 누구든, 그 사람이 어떤 결정을 내리고 그 결정에 따라 행동하는 과정이 물 흐르듯 순조로웠을 거라고는 절대 생각하지 않는다. 그들도 두려웠다. 그들도 욕지기가 날 만큼 괴로웠다. 그들 역시 친구에게 전화를 걸어 지금 얼마나 힘든지 눈물을 흘리며 속마음을 털어놓았다. 모두가 마찬가지다.

이제 다음 질문에 답을 해보자.

- 당신의 안전지대 밖에 있는 일 중 정말 하고 싶은 일이 무엇인가?
- 그토록 원하는 일이라면 그 일을 시도하지 않았던 진짜 이유는 무엇인가?

당신의 대답이 세 글자로 이루어진 '그 단어' 때문이라고 가정해보겠다. 바로 '두려움'. 이제 안전한 섬 바깥으로 한 걸음 나왔을 때 만날 두려움들을 살펴볼 시간이다.

- 실패에 대한 두려움
- 성공에 대한 두려움
- 타인의 평가, 비판에 대한 두려움
- 헌신에 대한 두려움

목록을 나열하자면 끝도 없다. 내친김에 하나만 더 추측해보자면, 위에 나열된 두려움은 모두 당신에게도 하나쯤 해당되는 이야기일 것이다.

이런 말 하긴 싫지만, 원하는 것을 향해 달려 나가기도 전에 기나긴 '두려움 목록'에 가로막혀 서 있는 사람이 당신만은 아니다. 그러니 우리 모두가 그렇다는 것으로 위안을 삼을 수는 있겠다. 다만 안전지대에서 한 걸음 나와 꿈을 좇아 달려가는 사람들과 그렇지 않은 사람들 사이에 다른 점이 하나 있다면 그건 바로 '행동의 차이'이다. 두려움에게 크게 한 방 먹이고 용기와 자신감을 찾아 나선 행동 말이다.

내 말을 믿어도 좋다.

그래서 이제 당신과 함께 그 두려움을 날려버릴까 한다. 살면서 일어날까 봐 두려워했던 일이 무엇인가? 시시콜콜한 이야기까지 다 털어놓아 보자. 드라마 한 편을 쓴대도 괜찮으니 어려워하지 말고 모두 말해보시라.

이제 다 털어놓았다면, 질문을 몇 개 하겠다.

정말 그 일이 일어날 거라고 생각하는가? 현실에서 실제로 있을 수 있는 일인가? 만에 하나 그 두려운 일들이 실제로 일어날 수 있는 정신 나간 세상에 살고 있다 해도 그 현실이 당신을 죽게 할까?

내 고객 중 한 사람의 일화를 예로 들어보겠다. 그녀는 회사에서 맡은 일을 정말 싫어했고, 진짜로 하고 싶었던 일은 회사를 그만두고 창업을 하는 것이었다. 그녀는 진정으로 변하고 싶다고 세상에 외쳤다. 그로부터 몇 달 뒤, 그녀는 5개월 분의 퇴직 수당을 지급받는 조건으로 조기 퇴직을 권고 받았다. 그러기 싫다면 그냥 직장에 남을 수도 있었다. 정말 좋은 기회였다. 그렇지 않은가?

하지만 금세 잔고가 바닥날까 봐 두려웠다. 사업에 실패할까 봐, 바보 같고 어리석어 보일까 봐 두려웠다. 두려움이 너무 컸고, 꿈은 자신의 안전지대에서 너무 멀리 떨어져 있는 것처럼 보이기까지 했다.

그래서 내가 물었다. "돈이 다 떨어지면 어떻게 하죠? 다른 부업을 할 수 있나요?"

대답 네.

질문 가슴에 손을 얹고 대답해보세요. 사업에 실패할 거라고 생각해요?

대답 아니요.

질문 설령 전혀 예상하지 못한 일 때문에 실패한다고 해도 세상이 끝나나요? 절대 다시 시작할 순 없나요?

대답 아니요.

자신의 두려움을 직시하고, 그 두려움에 의문을 품고 나니 비극적인 이야기가 실체를 드러냈다. 모두 상상이었던 것이다. 결국 그녀가 신이 나서 퇴직 수당을 챙기고 직장을 떠나 자신의 꿈이었던 사업을 시작했다는 소식을 전할 수 있어 기쁘다. 그렇게 하는 데 그녀에게 조금이라도 두려움이 있었을까? 분명 그랬을 것이다. 하지만 중요한 건 어쨌든 해냈다는 사실.

그러니 안전지대 밖으로 나가는 일이 두려워질 때, 스스로에게 물어보자. '이 일을 하지 않은 것을 후회할까?' 난 고객에게 이렇게 묻곤 한다. '지금으로부터 1년이 지난 뒤에, 1년 전에 시작할 걸이라는 후회가 밀려오진 않을까요? 80세가 됐을 때, 그 일에 도전하지 않은 것을 후회하게 될까요?'

진지하게 고민해보자. **마지막 눈 감는 날, 평생 안전지대 안에만 머무르며 간절히 원했던 일에 도전하지 않았다는 사실에 만족할 자신이 있는가?**

만약 당신의 대답이 '그래, 난 원하던 일에 도전하지 않은 걸 후회하지도 않고, 그 결정에 만족해'라면 이렇게 묻지 않을 수 없다. 대체 이 책은 왜 읽고 있는가?!

내겐 꼭 하고 싶던 일이 롤러 더비(roller derby, 1940년대 초 미국에서 시작된, 롤러스케이트를 사용하여 실시하는 프로 경기-역자 주)였다. 1970년대에, 그러니까 내가 어린 소녀였을 때 선수들을 TV에서 본 기억이 난다. 그들은 그때까지 내가 본 여성들 중에 가장 강하고, 멋지고, 야단스러웠다. 그리고 수십 년의 세월이 흐른 지금 내게 롤러 더비에 대한 열정이 다시 살아난 것이다.

내 안에 있는 비관주의자는 롤러 더비를 하기엔 내가 너무 나이가 많다고 말했다. 다칠 거고 아마 꼴도 우스워 보일 거라는 말도 잊지 않았다. 하지만 나는 어쨌든 도전했다. 두려웠냐고? 물론이다. 도전을 위해 내가 가진 모든 용기를 끌어 모아야 했냐고? 아니다. 도전은 그냥 했고 그만한 용기가 필요했다는 사실은 나중에 깨닫게 되었다.

왜냐하면 훗날 내 아이들과, 그 아이들의 아이들에게 '롤러 더비에 도전했더라면 얼마나 멋지고 끝내줬을까'로 시작해서 '하지만 난 너무 나이가 많아서 도전하지 않았지'로 끝나는 이야기는 절대 들려주고 싶지 않았기 때문이다.

사실대로 말하자면, 결심하기 7년 전쯤에 도전했더라면 더 좋았을 텐데 하는 아쉬움이 남았다. 나는 너무 두려웠고, 너무 바빴으며, 임신한 상태였고(사실 이건 롤러 더비를 할 수 없었던 타당한 변명이었다), 그 7년 동안 너무도 다양한 변명거리를 만들어내느라 바빴다.

**그 분야의 탁월한 존재가 아님에도
어쨌거나 뛰어들어 도전한다는 것이
마이웨이의 멋진 점이다.**

당신이 하고 싶은 일이 무엇이든, 그 분야에서 '탁월한 존재'가 아님에도 불구하고 어쨌든 뛰어들어 도전하는 일, 그 자체가 멋지지 않은가? 75세에 처음으로 마라톤에 참가한 여성, 스스로 찍은 사진 한 장 없고 사업 경험도 없지만 어쨌든 사진 사업에 뛰어드는 사람. 결과야 어떻든 정말 멋진 사람들이라는 생각이 들지 않는가? 이들이야말로 비주류이자 가장 예상치 못했던 도전자들이라고 할 수 있다.

안전지대에서 한 걸음 나온다는 것이 꼭 커다란 변화나 미친 짓을 의미하지는 않는다. 어떤 사람들은 날고 있는 비행기에서 뛰어내리는 걸 즐기기도 하는데, 내가 말하는 도전이 꼭 이런 건 아니다.

좋아하는 색으로 내 방을 페인트칠 한다면 어떨까? 아니면 줄곧 벼르던 새로운 머리 스타일에 도전한다면? 그것도 아니라면 남녀

혼합 소프트볼 팀이나 뜨개질 클럽에 가입한다든가, '살기 바빠서' 오래전에 손 뗐던 취미를 다시 시작한다면?

변명거리는 늘 있다. 두려움도 늘 있을 것이다. 변명과 두려움을 만들어내는 데에는 우리 모두 이골이 났다. 이쯤 되면 그것도 특기로 인정해 이력서에 쓸 수 있게 해줘야 하는 것 아닌가! 스스로 만들어낸 변명들로부터 벗어나는 일, 그리고 자리에서 엉덩이를 털고 일어서는 일 모두가 당신에게 달려 있다.

그러기 위해서 뭘 해야 할까? 단 5분 만이라도 두려움을 털어버리는 일이 아닐까? 거기가 시작 지점이다. 그다음 어떤 일이 벌어지는지 함께 지켜보자.

문제는 안전한 섬 안에서 밖을 바라보면 모든 것이 두렵고 크게만 보이기 때문에 늘 변명거리는 생길 거라는 점이다. 그리고 실제로도 분명 두렵고 커다랗겠지. 언제나 산 전체를 보면 두려움이 생기기 마련이고, 그래서 어떻게든 그 산에는 오르지 않으려 애를 쓰게 된다.

그러니 일단 처음 한 걸음만 생각하자. 첫 번째 걸음은 아마 구글 검색 정도의 단순한 일이면 될 것이다. 아니면 누군가에게 당신이 도전하려고 하는 일에 대해 이야기하는 것은 어떨까? 중요한 건 안전지대 밖에서 하는 아주 사소한 일이 당신에게 더 멀리 나갈 추진력을 준다는 사실이다.

사소한 일을 시작하는 데엔 변명이 필요 없다. 사소한 일의 가장 좋은 점은 하나씩 해내다 보면 어느새 점점 더 큰일들을 할 수 있게 된다는 것. 이내 당신은 스스로 할 수 있을 거라고 생각했던 것보다 훨씬 더 높은 곳에 올라 있을 것이다.

03
때론
고민에서 도망쳐라

이번 장은 베푸는 삶에 대한 이야기로 지면 전체를 할애하려 한다. 이유를 묻는다면 내 대답은 이렇다. 친구(혹은 심지어 낯선 사람)를 돕는 일이야말로 자신의 문제를 잊는 데 아주 효과가 좋은, 쉽고 빠른 특효약이기 때문이다.

당신이 이 책을 집어 들었다는 사실을 기반으로 추리해보건대, 당신은 다른 평범한 사람들과 마찬가지로 이따금씩 문제를 겪고 있을 것이다. 인간은 생물학적으로 공동체를 이룰 수밖에 없는 존재임에도 혼자서 모든 문제를 해결하려 한다거나, 어떻게든 스스로 상처를 치유해보려고 애를 쓴다. 이런 모습을 보면 뭔가 거꾸로 가고 있다는 생각이 들지 않는가?

우리는 타인이 극심한 고통에 시달리거나 긴박한 응급 상황에 직면하기 전까지는 그가 고통을 겪고 있다는 사실조차 모르는 경우가 많다. 정말 슬픈 현실이다. 아이 하나를 기르는 데 온 마을의 노력이 필요하다는 말이 있는데, 나는 한 사람의 멋진 인생을 가꾸어나가는 것이야말로 온 마을의 노력이 필요한 일이라고 생각한다.

당신이 헤어 나올 수 없는 고민의 늪에 빠진 기분이라고 가정하자. 그 문제에 대해 생각하면 할수록 당신은 오히려 더 깊은 수렁 속으로 빠진다. 그리고 이제는 문제를 안고 있는 스스로를 동정하거나, 그 문제만 생각해도 기분이 상하는 단계에 이르렀다.

이럴 때 시도할 만한 방법은 바로 다른 누군가에게 연락을 취하는 것이다. 그 사람이 도움이 필요 없을 것 같아도 일단 그냥 연락을 해본다. 친구가 겪을 법한 문제를 짐짓 가정하거나 추측해볼 필요 없이 그냥 탁 터놓고 물어보면 된다.

대화는 이렇게 진행된다.

당신 친구야, 잘 지냈니?

친구 별일 없어. 늘 똑같지 뭐.

당신 내가 도와줄 일은 없니? 내가 어떻게 도와줄까?

친구 뭐어~?

당신 이상하게 들린다는 거 알아. 하지만 만약 네게 무슨 일이 생겼고 주변의 도움이 필요한 순간이 왔을 때, 내가 네 옆에 있다는 걸 기억해줬으면 좋겠어. 네 말도 들어주고 도움이 될 만한 일이라면 할 수 있는 건 뭐든 해줄게. 그러니 무슨 일 있으면 얘기해 봐.

어쩌면 친구가 전화를 끊어버릴 수 있지만 그건 아마 조금은 당황해서, 당신이 자신을 놀리고 있는 건 아닌지 의심스러워서일 것이다. 어쨌든 요점은 우리가 친구들과 매일 시간을 보내고 그들이 곁에 있는 걸 당연하게 생각하면서, 정작 친구에게 도움이 필요할 수 있다는 사실은 잊은 채 산다는 데 있다.

묻기 전까지는 모르는 법이다. 잘 생각해보면 지금도 문제를 안고 있는 친구가 한 명쯤은 떠오를 것이다. 그렇다면 이 경우는 조금 쉬운 편이다. 그 친구에게 무엇을 물어야 할지 이미 알고 있으니까.

팁을 하나 더 주자면 그냥 솔직해지는 것도 좋은 방법이다. 예컨대 전화를 했더니 어떤 친구가 '내 얘기는 별로 하고 싶지 않아. 넌 어떻게 지냈어?'라고 묻는다. 그때 친구에게 '날 계속 괴롭히는 문제 때문에 너무 지쳐서 널 도와주면서 내 문제를 잊어버리고 싶어'라고 솔직하게 대답해보라. 이렇게 당신의 속마음을 솔직히 보여줄 수 있다.

타인을 돕다가 생길 수 있는 부수적 효과 중 하나를 꼽자면, 뿌

듯한 기분을 느끼게 된다는 것이다. 우리의 문화는 남에게 베푸는 행위는 순수하게 이타적이어야 하고, 그 행위를 통해 얻는 뿌듯함은 부정적이고 이기적인 것이라고 생각하게 한다. 하지만 이 생각에 나는 절대 동의하지 않는다. 타인에게 도움을 주고 뿌듯함을 느끼는 것은 나쁜 일이 아니며, 오히려 남을 도움으로써 내 기분까지 좋아지는 것은 아주 좋은 일이라고 생각한다.

다만 한 가지 주의할 점은 도움을 주되 타인의 감사 인사를 바라서는 안 된다는 것이다. 다시 말해 반응을 고대하고, 그 반응이 되돌아오지 않았을 때는 뿌듯함을 느끼지 못한다면 먼저 스스로의 내면을 다스릴 필요가 있다. 당신에게 필요한 무언가를 채울 목적으로 남을 도와서는 안 된다.

타인을 위해 봉사하기로 마음먹었다면 봉사의 결과물에는 집착하지 않도록 노력하자. 때로 사람들은 당신의 헌신을 아주 당연하게 여길지 모른다(당신이 부모라면 이 말의 뜻을 이해할 것이다). 하지만 서운함에 지지 말자.

또 하나, 당신이 베푸는 데 마음을 열수록 그만큼 더 돌려받게 된다는 점도 배우게 될 것이다. 반대로 누군가의 도움을 열린 마음으로 받아들이는 것도 돕고 싶어 한 상대방에게 기쁜 선물이 될 수 있다. 그러니 도움의 손길을 받았다면, 그 손을 기꺼이 맞잡도록 하자.

04
어쨌거나
1순위 정하기

간단한 질문을 하나 하겠다. 당신
에게 중요한 것은 무엇인가? 우리 중 대다수는 자라면서 가족의 소
중한 가치에 대해 알게 된다. 신자라면 당신의 종교가 숭배하는 가
치가 무엇인지 알고 있을 테고, 당신이 속한 문화권에서 소중하게
여기는 가치에 대해서도 알고 있을 것이다.

그렇다면 당신이 소중하게 여기는 가치는 무엇인가?

당신이 무엇을 중요히 여기는지는 행복에 결정적인 영향을 미친
다. 아니, 당신이 아끼는 '귀중품' 얘기가 아니다. 할머니께서 대대
손손 물려주신 100년 된 도자기 인형 얘기가 아니라, 여기서 이야

기하고자 하는 것은 당신이 중요시하는 '가치'에 대한 것이다.

(이 장을 읽는 동안에는 자라오면서 강요받았던 가치들을 훌훌 벗어던져도 좋다. 어떤 것을 '중요하게 생각해야 한다'라고 속삭이는 사람들의 말 역시 무시해도 좋다.)

당신의 가치란 '당신에게' 소중한 것들을 말한다. 아마도 따로 시간을 내서 내가 소중히 여기는 가치들을 목록으로 정리해본 사람은 거의 없을 것이라고 생각한다. 그리고 대부분은 여전히 부모님의 가치, 종교적 가치, 문화적 가치를 나의 가치와 동일시하고 있을지도 모른다. 하지만 당신이 아직 완전히 인지하지 못한 무언가가 분명히 있다.

당신의 가치들을 목록으로 만들기 위해 몇 가지 질문에 답해보자. 인생을 살아가는 데 중요하게 생각하는 것이 무엇인가? 예를 들어 사람들과 지속적으로 깊은 관계를 맺고 지내는 것을 중요하게 생각하는가? 아니면 우리가 살고 있는 지구 환경에 대해 책임감을 느끼는가? 옳다고 믿는 자녀 양육 방식이 있고, 다른 사람들에게도 그 방식을 전파하고 싶은가?

이 질문들에 대한 대답이 당신이 소중하게 생각하는 가치들을 이루는 근원이 될 것이다.

당신의 가치를 발견해낼 수 있는 또 다른 방법은 당신을 정말로 화나게 하는 것이 무엇인지 생각해보는 것이다. 어떤 것이 당신을 화나게 했다면 그것이 당신의 가치를 짓밟았기 때문이다.

당신이 가치 점검을 시작해볼 수 있도록 사람들이 일반적으로 중요하게 생각하는 가치 목록을 예로 준비해보았다.

이 외에도 훨씬 더 많은 가치들이 있다. 또 다른 방법은 핵심 가치를 정하거나 여러 가치를 한데 엮어서 그중 당신에게 진짜 중요한 것이 무엇인지를 알아내는 것이다. 이를테면 '자유'라는 동일한 가치에 대해 당신과 옆 사람의 의견이 다를 수 있다. 당신에게 자유란 '자유로운 영혼'의 개념이지만, 다른 누군가에게는 '독립'을 의미할 수도 있다. 그 가치가 당신에게는 정확히 어떤 의미인지 주저하지 말고 털어놓자.

가치 목록을 만들 때는 '실체가 있는 것들'은 배제하려는 노력을 해야 한다. 고급 식료품에 대한 생각을 떨칠 수가 없어서 결국에는 그것이 당신의 가치라고 생각하게 되었다면 그 식료품이 궁극적으로 당신에게 주는 것이 무엇인지 생각해보라. 요리하는 과정에서 얻는 창의력인가? 아니면 함께 요리하거나 식사하는 과정에서 얻는 친구들과의 유대감인가? 가치라는 것은 실재하는 물질이 아니라 그것이 당신에게 주는 '느낌'인 것이다.

당신의 가치 목록

자, 목록이 완성되었다면 다음은 이 가치들이 당신의 인생에서 얼마나 존중받고 있는지 점수를 매겨보는 단계다(10점을 만점으로 하자). 예를 들어 당신은 가치 목록에 [건강] 또는 [좋은 몸매] 항목을 올려두었다. 하지만 어떤 이유로 당신은 지난 몇 달, 혹은 몇 년 동안 운동을 하지 않았다. 그러니 그 가치는 당신이 중요하게 생각하고 있는 것과는 별개로 아주 낮은 점수를 받게 된다. 2점 정도가 좋겠다.

모든 가치에 동등하게 온전한 관심을 쏟는 사람은 많지 않다. 정상적인 사람이라면 누구나 옆길로 새기도 한다. 그러나 당신이 중요하게 생각하는 것들을 목록으로 만들어서 가지고 있으면, 당신에게 중요한 가치를 추구하기 위해 시간을 내는 것은 전혀 이기적인 일이 아니라는 사실을 금세 깨닫게 된다.

당신이 가치에 대해 알아야 할 중요한 사실이 있다. 바로 그 가치들이 온전히 당신 것이라는 사실이다. 당신의 가치는 다른 사람이 옳고 그름을 판단하거나 비웃음거리로 삼을 대상이 아니다. 절대로.

당신에게 중요한 것이라면 중요한 것이다. 더 이상의 설명은 필요 없다.

다음 단계는 낮은 점수를 받은 가치들을 꼼꼼하게 살펴보는 것이다. 점수를 높이기 위해 당신이 단시간 내에 쉽게 해낼 수 있는 일들을 한두 가지만 생각해보자. 당신의 가치 목록에 있는 [좋은 몸매] 항목이 낮은 점수를 받았다면, '이번 주에 산책 나가기' 같은 간단한 일을 하겠다고 자신과 약속하라.

인생을 살면서 자신의 가치들을 추구하지 않는다고 물리적으로 죽음에 이르는 것은 아니지만, 가치가 지켜지지 않을 때 당신의 영혼은 조금씩 죽어간다. 예컨대 당신이 가장 중요하게 여기는 세 가지 가치가 [정직함], [종교적 믿음], [창의성]이고 각각 8점, 9점, 10점을 받았다고 가정하자. 그런데 당신이 일하는 회사가 불법적인 일을 자행하면서 당신에게는 그 일을 모르는 척해달라고 요구했고, 그 제안을 거절했을 때 당신은 직장을 잃을 수도 있는 처지다. 게다가 당신은 맡은 일이 너무 많아서 심리적 안정을 찾아줄 종교 활동은커녕, 창의적 욕구를 채울 시간조차 없다.

이런 삶의 하루하루가 어떨지, 상상만 해도 힘들지 않은가? 물론 '이 회사를 영원히 다닐 것도 아닌데 뭐. 종교 활동이나 창의적인 활동은 나중에 할 수 있겠지'라는 생각을 변명 삼을 수도 있을 것이다.

하지만 당신에겐 인생에서 어떤 것을 받아들이고 어떤 것을 거절할지 결정할 힘이 있다. 다르게 말하면 그 찜찜한 기분을 만들어낸 장본인은 이 상황을 감내하기로 결정한 당신 자신이라는 것이다.

**인생에서 어떤 것을 받아들이고
어떤 것을 거절할지는 오로지 당신의 선택이다.**

가치 목록을 만들면 당신을 행복하고 즐겁고 충만하게 해주는 게 무엇인지를 파악하게 되는 동시에, 당신을 불행하게 하는 것이 무엇인지도 알게 된다. 가치 목록에서 1점, 2점, 혹은 3점을 차지하고 있는 항목들이 많다면, 시간을 내 한 번에 조금씩이라도 그 항목들을 돌보자. 이 훈련을 정말 열심히 한다면 분명 당신의 인생에 긍정적인 변화가 일어날 것이다. 자신의 가치에 맞춰 삶을 조율하는 일은 지금보다 더 행복하고 건강한 나를 찾는 데 도움이 되기 때문이다.

05

5명에게
내 꿈을 털어놓는다

우리 모두는 몽상가다. 나는 아닌데, 라고 생각하는 사람조차도 사실은 꿈을 꾸며 산다. 그리고 꿈을 꾸는 이들은 두 부류로 나뉜다.

1. 행동하는 사람. 모든 각도에서 사안을 점검하고 모든 가능성을 확인한 뒤 행동하는 사람, 혹은 경고 따위는 무시하고 바로 행동에 돌입하는 사람.
2. 꿈을 꾸지만 아무것도 하지 않는 사람.

꿈에 대한 이야기를 조금 하자면, 우리는 종종 '꿈은 꿈일 뿐이야'라고 스스로를 납득시키려고 한다. 꿈은 마음속 뒷주머니에 비밀스럽게 보관하거나, 많아봤자 한 사람에게만 털어놓을 수 있는 비밀이 되기도 한다. 그러다 보니 꿈을 행동으로 옮기는 계획은 논의조차 할 수 없고, 또 그러다 보니 진전이 없고, 결국 '꿈은 꿈일 뿐'이라는 당신의 믿음이 옳았음을 스스로 입증하게 되고 만다. 그러나 당신은 어떨지 몰라도 내게는 이 시나리오가 헛소리로밖에 안 들린다.

이번 장은 두려움에 질려 꿈을 가지고만 있는 사람들을 위해 할애하려고 한다.

- 타인의 평가가 두려운 사람.
- 지지를 받지 못할까 봐, 혹은 누군가 자신의 꿈을 무조건적으로 지지해줄까 봐 두려운 사람.
- 꿈에 대해 누군가에게 털어놓았다가 훗날 생각을 바꿨을 때 생길 일이 두려운 사람.
- 시도하는 것, 실패하는 것이 두려운 사람.
- 꿈을 이루기 위해 실제로 어떤 행동을 하는 것이 두려운 사람.

몸에 붉은 피가 흐르는 사람이라면 누구나 꿈을 꾼다. 그 꿈의 크기는 작을 수도, 클 수도, 지나치게 거창할 수도 있다. 고향에서 벗어나는 것이 꿈일 수도 있고 세계 정복을 꿈꿀 수도 있다. 어린 시절부터 품어온 꿈일 수도 있고 매달 꿈이 바뀔 수도 있다. 꿈을 꾸는 데에 옳은 방식과 그른 방식은 없다. 당신의 가치와 마찬가지로, 당신의 꿈도 당신의 것이다. 심지어 당신에게도, 그리고 어느 누구에게도 당신의 꿈을 조롱하거나 비난할 자격은 없다.

당신을 위해 질문을 몇 개 준비했다.

- 당신이 아무에게도 말하지 않은 꿈은 무엇인가?
- 그 꿈의 어떤 부분이 당신에게 중요한가?
- 그 꿈을 생각했을 때의 신나는 기분을 1~10의 범주에서 점수를 매긴다면 몇 점인가?
- 그 꿈을 어떻게 할 계획인가?

위의 질문 몇 개로 당신의 꿈에 불씨를 지핀 것 같은데, 아닌가?

당신을 위해 숙제도 하나 준비했다. '당신이 아무에게도 말하지 않은 꿈에 대해 다섯 사람에게 이야기하기'다. 유의할 점은 당신의 꿈을 짓밟지 않을 다섯 사람을 골라야 한다는 것이다. 만에 하나 누군가 당신의 꿈에 대해 부정적인 평가를 한다 해도 그건 절대 당신이나 당신의 꿈에 문제가 있어서가 아니라는 사실을 기억하자.

그건 순전히 자신의 꿈이 실현될 것이라는 생각은 단 1초도 하지 못할 정도로 배짱도, 능력도 없는 사람들의 말이기 때문이다. 그들이 가진 불안함과 두려움이 당당히 꿈을 말하는 당신의 배짱에 대한 부러움과 맞물려 내보인 반응일 뿐이다.

당신이 자신의 소중한 꿈을 타인에게 이야기하는 이유는 그렇게 했을 때 꿈이 실현되기 때문이다. 물론 마법 지팡이를 휘두르듯 '짜잔' 하고 실현될 리는 없다. 하지만 말로 내뱉는 그 순간부터 당신의 꿈은 힘을 가지게 된다. 스스로에게, 다른 사람에게, 그리고 온 우주에 꿈을 이루겠다고 약속한 셈이 됐으니 내면에 여러 감정들이 형성되면서 실제로 에너지를 분출하게 되는 것이다.

그런 의미에서, 꿈에 대해 이야기할 때 당신의 몸이 어떤 반응을 일으키는지 확인하는 것도 중요하다. 어딘가 따끔따끔한 것 같은가? 뱃속이 쿵쿵대는가? 두려워 죽을 것 같다면, 그건 당신이 그 꿈에 대해 정말 진지하게 생각한다는 뜻이다. 오히려 신이 난다면 그것도 효과적이다. 사실 '이걸 해야 할까?'라는 질문에 대한 가장 명확한 대답은 당신이 가지고 있다.

그리고 꿈에 대해 털어놓으면 흥미로운 일들이 하나둘씩 일어나기 시작한다.

1. 당신의 꿈을 들은 뒤, 상대방 역시 자신의 꿈을 말해줄지 모른다. 그러면 서로의 비밀스러운 꿈에 대해 신나게 이야기하며 웃고 떠들 수 있을 것이다. 물론 그렇게 웃기지도 않고, 은밀한 분위기가 조성되지 않을 수도 있지만….
2. 당신의 내면에 도사린 비관주의자가 끼어들어 그 꿈을 이루지 못

할 이유에 대해 늘어놓기도 하고, 상대방의 비관주의자가 끼어들어 당신이 그 꿈을 이룰 수 없는, 혹은 이루어서는 안 되는 이유에 대해 말하기도 할 것이다.

만일 2번의 경우가 발생한다 해도, 꿈 공유 프로젝트는 끝났으니 이제 꿈 이야기는 꺼내지도 말라는 게 절대 아니다. 그저 당신이 아주 큰 꿈, 정말 어마어마하게 큰 꿈을 꾸고 있다는 뜻일 뿐이다.

사실 당신 안에 살고 있는 비관주의자의 역할이 그렇다. 비관주의자는 당신이 무언가 중요하고 신나는 일에 몰두하면 크게 화를 낸다. 그러니 지금부터는 그를 꿈 단속반이 아니라 오히려 꿈의 지표로 활용해보자. 내면의 신호등으로 삼아도 좋겠다. 당신이 꿈에 대해 생각했을 때 이상하리만치 두려워진다면, 거대한 초록색 등이 '바로 그거야!'라는 신호를 쏜 것으로 받아들이면 된다.

당신이 꿈을 떠올렸을 때
이상하리만치 두려워진다면
바로 그거야!라는 신호로 받아들이면 된다.

꿈을 남들과 공유해야 하는 또 다른 이유는 그렇게 함으로써 스스로 꿈에 대해 책임감을 느끼게 되기 때문이다. 자신의 꿈을 공유하고, 두려움을 극복하기 위해 노력하고, 행동에 나서게 된다는 측면에서 인생 코치의 도움을 받는 것과 비슷하다. 코치의 역할은 당신에게 책임감을 불어넣어 주는 것이니까 말이다. 누군가에게 '물론이지, 난 이걸 반드시 해낼 거야!'라고 말했는데, 아무도 그 꿈에 대해 다시 묻지 않아서 당신이 책임감에서 벗어나는 일은 절대 없어야 한다. 그러니 다섯 사람에게 꿈에 대해 이야기할 때, 그 꿈에 어느 정도 책임감을 느끼고 싶다는 말을 덧붙여도 좋다. 일주일 후에, 혹은 한 달 후에 그 꿈은 어떻게 되어가고 있는지 물어봐 달라고 부탁하자.

꿈을 공유하는 일, 꿈을 위해 행동하는 일에 대해 마지막으로 한마디만 덧붙이자면, 인생이라는 거대한 시간 속에서 지금 이 순간은 고작 100만 분의 1초에 불과하다는 것이다. 당신의 마지막 날이 오늘이든 혹은 그 어느 날이든… 당신의 인생을 마무리하게 되는 날, 어떤 인생을 살았다고 말하고 싶은가?

멋진 인생?

평화로운 인생?

후회 없는 인생?

충만했던 인생?

선택은 당신 몫이다.

당신의 꿈은 당신의 것이다. 하지만 그 꿈을 혼자만 가지고 있으면 꿈이 실현될 가능성은 낮아진다. 그리고 그건 평생에 일어날 수 있는 일 중 가장 슬픈 일이 될 것이다.

06

당신의 촉을
믿어라
(아니, 자기가 듣고 싶은 얘기들 말고)

본능, 직관, 느낌, 촉수, 감, 영혼의 나침반, 당신이 원하는 대로 어떻게 불러도 좋다. 중요한 것은 당신에게도 이런 존재가 하나씩 있다는 것. 바로 당신 내면의 목소리다.

대부분의 사람들은 직관의 목소리를 듣고도 마치 그 목소리가 먹기 싫은 차가운 콩 요리라도 되는 듯 한쪽으로 치워두기 일쑤다. 연애가, 쇼핑이, 구직이 원하는 대로 풀리지 않았고, 더 솔직히 말하자면 완전히 망해버렸는가?

마음속 저 깊은 곳에서 '흠, 이 사람 정말 괜찮을까? 좀 밥맛인 것 같은데'라는 느낌이 오거나 그런 목소리가 들릴 때가 있다. 하지만 어쨌든 그 사람과 만나보기로 하고, 어쩌다가 결혼도 한다.

그렇게 시작된 관계가 제대로 흘러가길 바라는 건 무리가 아닐까?

반면 훌륭한 아이디어나 생각이 떠오른 경우에는 온갖 논리와 이유로 무장한 목소리가 당신을 성가시게 굴며 결국 그 생각을 포기하게 한다. 그러나 시간이 흐르고 나면 결국 처음 떠올랐던 당신의 느낌, 그때 떠올렸던 생각이 옳았다는 것을 깨닫게 된다.

예를 들어 어떤 사람, 새로운 일자리, 혹은 새로운 기회에 대해 크고 명확한 직관의 목소리를 들었던 때를 떠올려보자. 당신은 그 목소리를 따랐는가?

만약 그렇지 않았다면, 그 판단의 결과는 어땠는가?

자신의 옳은 직관을 무시한 적이 있다 해도, 자책하지는 말자. 대부분의 사람들이 직관의 존재에 대해 처음 깨닫게 되는 순간은 그 목소리를 따르지 않는 순간이다. 나 역시 이런 상황을 겪은 적이 있다. 이혼하고 얼마 지나지 않았을 때 한 남자를 만났는데 그가 문자 그대로 '악몽 같은' 사람으로 돌변했던 것이다. 그 사람과의 첫 데이트에서 '뭔가 찝찝하긴 한데 그게 뭔지 잘 모르겠군' 하는 느낌이 들었던 기억이 난다. 하지만 그는 키가 크고 잘생긴 데다 매력적이고 유머가 넘쳐서 나는 이내 그를 내 '운명의 사람'이라고 생각하게 되었다. 하지만 두 번째 데이트에서 내 본능은 그에게서 어서 달아나라고 더 강력하게 요구했다. 눈에 띄게 거슬리는 부분이 없었기 때문에 정확히 무엇 때문에 그런 기분이 들었는지는 여전히 알 수 없지만 분명히 느낄 수 있었다. 하지만 나는 그 목소리를 무시했고, 그로부터 9개월 뒤 모든 것이 내 눈앞에서 터져 버렸다.

직관은 어려운 해법을 요구하지 않는다. 로켓을 만드는 데 쓰이는 과학도, 깊은 고민이나 에너지, 마법의 콩, 또는 특별한 힘 같은 것도 필요하지 않다. 당신이 할 일은 그저 직관의 목소리에 귀 기울이는 것이다. 직관을 듣는다는 것은 이런 모습을 하고 있다.

- '아하' 하고 깨달음이 왔을 때, 그 느낌이 정확히 이해는 안 되더라도, 그동안 생각해온 그림에 꼭 맞지 않는다 하더라도 그 느낌을 믿는 것.
- 몸이 보내는 신호에 주의를 기울이고 당신의 기를 모두 빨아가는 사람들과는 멀리하는 것.
- 어떤 결정을 내리기 전에 온몸에 느껴지는 전율을 '바로 이거야' 하는 신호로 받아들이는 것.
- 종이에 쓰인 논리 정연한 이론을 기반으로만 결정을 내리는 것이 아니라, 당신을 감동시키고 영감을 주는 일을 위해 행동하는 것.

도움이 필요한 이들을 위해, 직관을 강력하게 만들고 직관에 귀 기울이는 능력까지 기를 수 있는 방법을 준비했다. 먼저, 내가 준비한 방법이 어쩌면 조금은 말도 안 되는 소리처럼 들릴 수 있다는 점을 말해둔다. 하지만 이 방법들은 당신이 명확한 판단을 하는 데 반드시 도움이 될 것이다. 이상하게 들리든 아니든 일단 마음을 열고 시도해보자.

가장 먼저, 자신의 직관에게 질문을 던지는 연습을 하자. 소리 내어 질문하거나 질문을 종이에 써도 좋다. 알고 싶은 건 모두 물어보도록 하라. 이를테면 이런 질문을 해볼 수 있다.

- 이 사안에 내가 진실이라고 느끼는 건 무엇인가?
- 이 일은 정말 '날 위한' 일인가?
- 내 마음이 진짜 원하는 것은 무엇인가?

그런 다음, 조용히 답을 기다리며 귀를 기울여보자. 직관은 귀를 기울일 때만 당신을 도울 수 있다. 대체로는 처음으로 떠오른 생각이 바로 당신의 직관이 준 대답이다. 이때 주의할 점은 듣고 싶던 답을 얻지 못할 수도 있다는 것이다. 우리는 종종 직관이 주는 메시지들을 임의로 가려내곤 한다. 하지만 그러다 보면 결국 남는 건 쉬운 것, 나 자신이나 다른 사람들을 곤란하게 하지 않을 것, 이미 결과가 보장된 것들뿐이다.

하지만 인생을 살다 보면 그런 쉬운 길만 걸을 수는 없다. 나는 최근에도 이러한 사실을 재차 확인했다.

또 하나 주목해야 할 것은 몸의 반응이다. 어떤 일이 당신에게 무겁고 어두운 기분을 준다면, 당신의 직관이 그 일을 거부하고 있을 가능성이 크다.

대다수의 사람들이 느끼듯, 당신도 역시 직관적인 메시지가 두려움을 유발한다는 사실을 깨달았을 것이다. 그렇다 보니 내가 자주 받게 되는 질문은 '두려움과 직관을 구분할 수 있는 방법은 무엇인가요? 그 '본능적인 느낌'이라는 것이 무엇인지 와 닿지 않을 때가 있어요'이다. 아주 좋은 질문이다.

직관과 두려움을 구분하는 데에는 다음 팁을 참조하라.

1. 두려움은 당신의 머릿속에, 직관은 당신의 심장과 몸에 산다. 대체로 직관에 비해 두려움은 소란스럽고 성가시다. 직관은 당신에게 조용히 속삭이는, 당신이 내린 결정의 결과에 집착하지 않는 목소리다. 반면 두려움은 일반화된 논리와 고집스러운 주장을 펼친다.

2. 두려움은 어떤 생각에 대해 신체 반응을 일으킴으로써 존재감을 드러내는 어두운 감정이다. 예를 들어 땀이 난다, 아드레날린이 솟구치는 기분이다, 그렇다면 공포다. 직관은 그보다 가벼운 기분이다. 당신에게 공포를 주는 기분은 직관이라고 볼 수 없다. 두려움에 직면했을 때, 당신은 피하거나 숨고 싶은 기분이 들며 닥칠 일을 회피하고 싶어지기도 한다. 반면 직관은 예상되는 위험을 미리 인지하게 하는 동시에 스스로에 대한 신념과 믿음을 가지고 앞으로 나아가게 한다.

3. 두려움은 최악의 시나리오가 실현되는 세계에 살고 직관은 현재에 산다. 제 2장에서 다뤘던 두려운 상상들이 떠오른다면, 그건 현재 당신을 엄습한 것이 직관이 아니라 두려움이라는 신호이다.

불변의 진리 하나. 당신의 직관은 당신을 응원하기 위해 존재한다. 직관은 당신의 가장 열렬한 치어리더이자, 가장 열성적인 팬이다. 또 당신의 감시자이자 언제나 당신의 뒤를 든든하게 지키는 보디가드이기도 하다.

직관은 당신의 몸 안에 살며 당신에게 말을 건넨다. 직관에도 형체가 있다면, 당신이 만나본 중에 가장 맹렬하지만, 가장 귀여운 핏불(pitbull, 가족에 대한 애정이 깊고 인내심이 강한 순종적인 개–역자주)이 천사의 모습을 하고 왔다고 생각하면 적당하겠다.

당신의 직관에 견줄 만한 것은 세상 어디에도 없다. 그리고 그 직관은 절대로 당신을 포기하지 않는다.

당신이 할 일은 그저 그 목소리에 귀를 기울이는 것, 그걸로 충분하다.

07

사과하고 비위 맞추기는 이제 그만

이 두 가지를 한데 엮은 이유는 비위 맞추는 데 익숙한 사람들이 늘 입에 사과를 달고 살며, 사과하는 데 익숙한 사람이 비위 맞추기를 서슴지 않는다는 것을 알게 됐기 때문이다. 그 둘은 마치 실과 바늘처럼 늘 붙어 다닌다.

먼저 비위 맞추기를 좋아하는 사람들 얘기부터 해보자. 이 부류의 사람들은 어디에나 있다. 물론 관심 받는 것, 인정받는 것, 사랑받는 것을 싫어하는 사람은 없지만 이 사람들은 자신이 마치 과일 케이크라도 되는 양 달콤한 말을 입에 달고 산다. 마치 인생이 걸린 문제라도 되는 것처럼 모든 일에 '예스!'를 외친다.

하지만 이 사람들에게도 희망이 아주 없는 것은 아니다.

비위 맞추기를 끊는 데 도움 되는 몇 가지 방법이 있다. 다만 연습만이 살 길이라는 점을 기억하고 당신에게 맞는 방법을 찾아 익숙해질 때까지 연습해야 한다. 이 방법의 핵심은 다른 누군가의 비위를 맞추기 전에 먼저 스스로의 비위부터 맞추는 것이다.

- **기억할 것, 당신의 결정은 당신이 내린다.** 이 책에서는 이 말을 질리도록 반복할 텐데, 왜냐하면 이건 모든 일에 적용되는 진리이기 때문이다. 또한 스스로에게 끊임없이 상기시켜야 할 말 중 하나이기도 하다. 심지어 내가 아는 바로는 이를 깨우친 사람들조차도 연습을 통해 '선택에 책임을 지기 위한 힘'을 기르고 있다. 당신이 원하지 않는 것에 대해 '예스'를 외치는 순간에도 선택권은 당신에게 있다는 점을 잊지 말자.

- **스스로에게 시간을 벌어주자.** 어떤 일을 부탁받았을 때, 그 자리에서 당장 대답하지 않아도 되는 경우가 꽤 많다. 여전히 '거절 연습'을 하는 중이라 당장 대답하지 않으면 기분이 불편할 때 '스케줄 확인 좀 해볼게'라고 대답해보면 어떨까? 아니면, '오늘의 운세 좀 확인 해보고'라거나 '집에서 상의하고 내일 대답해줄게'라고 대답하는 건 어떨까? 이 대답 중 어느 것을 골라도 효과가 있을 것이다. 시간은 당신에게 거절할 수 있는 힘을 준다.

- **'날 위한 일이 아니라면 절대 승낙하지 말자!' 라는 주문을 외워보자.** 이 주문은 내 스승인 지나 가벨리니(Jeanna Gabelinni, 기업들을 대상으

로 경영 체계와 전략, 기업인들의 마음가짐에 대한 코칭과 훈련을 제공하는 전문가-역자 주) 선생님께서 내게 직접 가르쳐주신 것으로, 이 주문을 알게 된 후 내 인생은 말 그대로 크게 바뀌었다.

누군가에게 어떤 부탁을 받았을 때 그게 '날 위한 일'인지 스스로에게 자문하자. 아마 답은 즉시 알 수 있을 것이다. 설령 '어쩌면 날 위한 일인지도 몰라'라는 생각이 든다 해도, '날 위한 일'이라는 확신이 들지 않는다면 절대 승낙해서는 안 된다. 이 주문을 외우다 보면, 당신이 그동안 그저 사람들을 기쁘게 하기 위해 원치도 않는 상황에서 얼마나 자주 '예스'를 외쳤는지 깨닫게 된다.

- **대답을 하기 전에 반드시 어떤 행동을 하기로 규칙을 정하자.** 몇 년 전 브레네 브라운(Brene Brown, 미국 휴스턴 사회복지 대학원의 연구원이자 심리 전문가-역자 주)은 팟캐스트에서, 그녀가 부탁을 받았을 때 하는 행동에 대해 이야기했다. 대답을 하기 전에 그녀는 손가락에 끼운 결혼반지를 세 번 돌린다는 것이다.

그때 그녀는 자신의 경험을 예로 들었다. 딸이 다니는 학교로부터 아이의 학급 친구들 전체를 위해 다음날 아침까지 컵케이크 세 상자를 구워달라는 부탁을 받았지만, 반지를 세 번 돌린 뒤 그 요청을 정중하게 거절했다. 대답을 하기 전에 잠깐의 시간을 갖는 전략과 마찬가지로 이 짧은 행동 규칙 역시 당신이 숨을 고르고 자신의 의사를 질문하고 그 대답에 따라 행동할 수 있도록 시간을 벌어준다.

- **변명을 늘어놓지 말자.** 우리는 거절을 해야 하는 상황이 불편하고, 거절로 인해 어색해진 분위기를 메우기 위해 변명을 하곤 한다. 하지만 그 어색한 분위기조차도 애초에 당신의 상상 속에서 만들어진 것일 가능성이 크다. 변명에 변명을 더하고 있는 자신을 발견하는 그 순간 변명을 멈추자. 그리고 더 이상의 변명은 덧붙이지 말자.

- **'노'라는 거절을 함으로써 당신이 어떤 일에 '예스'한 것인지를 떠올리자.** 가족과 더 많은 시간을 보내기, 헬스장에 갈 시간 내기, 스트레스 덜 받기 등 당신이 거절함으로써 얻는 것은 반드시 있다. 당장 마땅한 게 떠오르지 않더라도, 당신 자신에게 '예스'를 외친 것이라는 사실을 기억하자.

- **거절했을 때 생길 만한 두려운 상황을 미리 상상하지 말자.** 때때로 사람들은 요청을 거절했을 때 발생할 비극적인 결과를 상상하곤 한다. 누군가는 화를 내거나 당신을 싫어하게 될 수도 있을 테고, 직장에서 해고되거나 지옥에 떨어져버릴 수도 있을 것이다. 바로 이 시점에 당신의 생각을 단속해야 한다. 당신의 상상이 실제로 일어날 것 같은지 스스로에게 물어보자. 하지만 그 상상은 제 2장에서 다뤘던 '절대 일어나지 않을 두려운 이야기' 중 하나로 남게 될 가능성이 크다.

이제 사과에 관한 이야기를 할 차례다. 습관처럼 사과를 반복하다 보면 당신은 어느새 전방위적인 호구가 되어버린 스스로를 발견하게 될 것이다. 내가 아는 많은 여성들은 '미안해, 하지만 이게 나인 걸'이라는 말을 자신의 의견에 덧붙이곤 한다.

나 역시도 솔직한 의견을 말하고 나서 사람들이 싫어하는 눈치를 보이면 종종 이 말을 하곤 했다. 많은 여성들은 자신의 신념, 꿈, 야망, 그 무엇이 됐건 타인이 동의하지 않으면 바로 사과한다. 이런 식의 사과는 진심이 아니라 두려움에서 비롯된다. 이렇게 생각해보는 건 어떨까? 사과에는 다음과 같은 두 종류가 있다.

1. 첫 번째 사과는 당신이 한 행동이나 말을 진심으로 후회하여 상대방에게 용서를 구하는, 진심을 담은 사과이다. 스스로의 행동에 책임을 지는 일이며 사랑의 행동이자 스스로 힘을 북돋우는 계기가 된다.
2. 두 번째 사과는 누군가를 화나게 할까 봐, 누군가 나를 미워하게 될까 봐, 혹은 누군가를 기쁘게 하지 못할까 봐 두려운 마음을 담은 사과이다. 이러한 종류의 사과는 당신의 힘을 빼앗는다.

두려움 때문에 습관적으로 사과를 하고 있다면 생각해봐야 할 점들이 꽤 많다. 그건 당신이 스스로를 '충분하지 못한 사람'이라고 느끼고 있다는 신호이며, 당신의 자존감과 자신감이 어떤 수준인지 짐작하게 해준다. 더 슬픈 것은 습관적으로 사과를 반복하다 보면 낮은 자존감이 더 낮아져서, 결국엔 사과 때문에 자존감이 낮아지는 것인지, 자존감이 낮아 사과를 하게 되는 것인지 모를, 닭이 먼저냐 달걀이 먼저냐 하는 상황에 놓이게 되고 만다는 것이다.

만약 이게 당신의 이야기 같다면 길고 긴 '사과 열차'에서 뛰어 내리기 위해 다음의 팁들을 시도해보자.

- 의식하기. 여기서부터 시작이다. 자신이 언제 '미안해'라고 말하는지 의식하자. 혹시 미안하다는 말을 입버릇처럼 하고 있지는 않은가?
- '미안해'라는 말이 튀어나오려고 한다면, 말이 실제로 나오기 전에 멈추자. 그리고 그 순간 느낀 감정이 진짜 양심의 가책인지, 다른 감정인지 스스로 물어야 한다. 혹시 난감함, 혼란, 꺼림칙함, 절망의 감정은 아닌가? 혹시 상대방에게 인정받고 있다는 확신이 필요한 것은 아닌가? 양심의 가책 대신에 느낀 그 기분이 무엇인지 정확히 짚어낼 수 있다면, 사과하지 말고 그 감정을 해결하자.
- 이번 항목은 이전 항목과도 밀접하게 연관되어 있다. 당신이 느끼는 기분을 표현할 준비가 안 됐다면 속으로, 또는 소리 내서 주문을 외우는 연습을 해보는 것이다. '미안해'라고 말하는 대신에 '미…믿기지 않을 정도로 난 멋진 사람이야!'라든가 '미…친 듯이 내가 옳다고 느껴!'라고 하면 어떨까? 사람들이 정신 나간 사람 보듯 당신을 보겠지만 이건 정말 좋은 연습법이다.

이 세 가지를 익히고 나면, 당신은 '보다 나다운 기분'을 느끼게 될 것이다. '진정한 나다움'에는 비위를 맞추는 나, 아낌없이 사과하는 나는 더이상 낄 자리가 없다. 감정의 근육을 강화하고 내 갈 길을 걷자. 스스로를 대하는 자신의 시각이 180도 달라지는 걸 느낄 수 있을 것이다.

08

타인의 똥 무더기를
받지 말 것

                누군가 면전에 대고 당신을 욕하거나, 혹은 뒤에서 욕했다는 이야기를 전해 들으면 인간인 이상 누구나 상처를 받고 화가 나는 게 당연하다. 누군가 당신을 싫어하고 있다는 소식을 접하거나, 과거에 한 일에 대해(혹은 하지도 않은 일에 대해!) 당신을 욕한다면 아마 기분이 매우 상할 것이다. 조금은, 아니 어쩌면 엄청나게 마음 아플 수도 있다.

    사람들에게 인정받고 싶은 욕구를 느끼는 것은 정상적인 일이며 인간이기에 당연한 것이다. 그래서 비난받거나 비판받았을 때 우리는 그 사람에게 거부당했다고 느끼기도 한다. 거부당했다고 느끼면 그 사실을 인정하기가 아주 어렵기 때문에 우리는 종종 상황을 바로잡고 싶어 한다.

누군가의 인정을 받으면 우리는 사랑받는 기분을 느낀다. 하지만 반대로 어떤 그룹에 소속감을 느끼지 못하거나, 자신이 '잘못된' 말을 했다고 느끼면 따돌림 받는 기분을 느끼기도 한다. 이런 기분은 우리를 우울의 소용돌이로 몰아넣는다.

다시 말하지만, 이런 기분을 느끼는 건 지극히 정상이다. 그렇지만 상황을 벗어날 수 있는 방법은 있다.

당신이 누군가를 비난했던 때를 생각해보자. 누구나 그렇듯이 당신도 최근에 어떤 식으로든 누군가를 비난한 일이 있을 것이다. 예를 들어 당신이 어떤 10대 엄마에 대한 뉴스 기사를 읽었는데, 이 엄마는 부모로서 적절치 못한 행동을 해서 양육권을 빼앗겼다. 이를테면 이 엄마가 어린아이들만 집에 남겨둔 채 파티에 놀러갔다고 해보자.

당신은 아마 '10대에 성관계를 갖는 무책임한 결정을 할 거였으면 피임이라도 제대로 했어야지'라고 생각하거나 '아이를 원하고 책임을 다할 수 있는 가정에 입양 보냈어야지' 라든가 '어쩜 저렇게 무모할 수가 있지? 저 여자의 부모는 대체 어디 있는 거야?'라고 생각할 수 있다.

그녀가 무책임하고 무모하다는 당신의 의견은 그녀에 대해 당신이 내린 판단이기도 하다. 보다 깊숙한 내면에선 언젠가 당신의 가족이 이런 종류의 결정을 내릴까 봐 두려워진 것일 수도 있다. '당신의' 의견과 생각, 그리고 어쩌면 두려움. 이들이 만나 그 여자를 판단한 근거로 작용한 것이다.

당신은 그 상황을 무심코 당신과 관련지었다. 이 기사의 내용은 이 여자의 이야기일 뿐이라고 생각할 테지만, 실제로 당신은 그녀의 결정에 대한 '당신의' 반응을 상대하고 있는 것이다. '당신의' 반응 말이다.

이제 다시 당신의 이야기로 돌아가 보자.

예를 들어 누군가 당신에게 아주 끔찍한 말을 했다. 아니면 누군가 당신을 싫어한다는 사실을 알게 됐다. 만일 그들이 내뱉은 말들이 사실은 당신과는 전혀 상관없는 말이라고 확신할 수 있다면 어떨까? 당신을 향한 타인의 부정적인 생각들이 사실은 그들 스스로를 투영한 모습인 걸 안다면 어떨까?

일례로 당신은 친구의 남편이 당신을 싫어한다는 사실을 알게 되었다. 그는 당신이 너무 주제넘게 주장을 늘어놓는다고 생각한다. 이 특정한 상황만 놓고 보자면, 장담하건대 그 사람은 리더로서의 자질을 보이는 여성들과 잘 지내지 못할 것이다. 그가 당신을 불편해하고 그래서 당신을 싫어하기까지 하는 이유는 그 사람이 가진 개인적인 불안 때문이다. 그러니 이건 당신의 일이 아니라 그의 일이다.

**당신을 향한 타인의 부정적인 생각들은,
사실은 그들 자신이 싫어하는 자기 모습이다.**

그렇다면 앞으로 당신에게 열릴 기회를 생각해보라. 먼저 당신은 '남이 자신에 대해 어떻게 생각하는지 전혀 신경 쓰지 않는 사람'이 될 수 있다. 이런 사람은 환상 속에만 존재하는 게 아니라 실재한다. 그리고 당신도 정말 그중 하나가 될 수 있다.

이번 장을 시작하면서 예로 들었던, 당신에게 못된 말을 내뱉은 인물에게 다시 돌아가 보자. 그 상황에서 당신이 느낄 수 있는 생각과 기분은 무엇이었을까? 고통? 슬픔? 분노? 혼란?

이제 그 사람이 당신에게 느꼈던 감정은 사실 당신과는 아무 상관이 없다는 것을 사실로 받아들이자. 그의 의견은 당신의 자존감이나 자아에는 어떠한 영향도 끼치지 않는다. 내 친구이자 동료인 브룩 카스틸로(Brooke Castillo, 미국의 인생 코치이자 작가-역자 주)는 이 상황에 대해 명쾌하게 설명한다.

그녀에 따르면 '다른 사람들의 의견은 그들이 좋을 대로 해석한 의견이고, 그와는 별개로 당신은 변함없이 당신이다. 당신에 대한 누군가의 의견이 진짜 당신의 모습을 보여준 것이라면, 다른 모든 이들의 의견도 그와 같아야 한다. 왜냐, 다시 한 번 말하지만 당신은 변함없이 당신이기 때문이다. 가장 관심을 두어야 하는 의견은 바로 '당신의 의견'이다.'

이 개념을 가늠하기조차 어렵다면, 이런 각도에서 살펴보자. 당신이 누군가의 비난에 상처받고 지나치게 휘둘리고 있다면, 당신은 지금 그 사람에게 엄청난 권한을 양도하고 있는 중이다. 순한 양처럼 모두 넘겨줘 버리는 거다. 그럴 권한이 원래부터 그 사람에게 있다는 듯이. 사실은 그렇지 않은데 말이다.

나는 이 주제에 대해 이야기할 때마다 가장 가까운 동료인 에이미 스미스의 비유를 즐겨 쓰곤 한다.

"만일 어떤 사람이 손에 엄청난 똥 무더기를 들고 있다가 너에게 건네주려고 한다면 넌 그걸 받을 거야? 아니면 '아니, 난 필요 없어. 그건 네 똥이고 난 그걸 받기 싫어'라고 말할 거야?"

정말 적절한 비유가 아닌가?

당신에 대한 타인의 의견, 판단, 그리고 비판에 대해서 같은 방식으로 생각해보면 어떨까? 그건 남들이 들고 있는 똥 무더기이고, 그걸 받을지 아닐지 선택권은 당신에게 있는 것이다.

으엑, 받지 말자!

09

끝난 관계에서
배우는 인생 수업

배우자나 연인이 바람을 피웠거나, 당신을 존중하지 않았거나, 언어적·신체적으로 학대를 가했다면, 같은 경험을 한 사람들의 모임에 가입하자. 당신과 같은 경험을 한 수만 명의 사람들을 만날 수 있을 것이다.

관계가 망가진 이유가 무엇이든, 당신은 과거를 떨쳐내고 앞으로 나아갈 수 있다. 그 경험에서 배운 많은 것들이 가장 나답고 멋진 사람이 되는 길을 알려줄 것이고 당신의 다음 사람에게 훨씬 더 좋은 연인이 되는 길을 열어줄 것이다.

첫 번째 남편은 나를 두고 바람을 피웠다. 바람을 피운 첫 번째 남편이 구구하니 이제부터 그를 '바람둥이 A'라고 부르겠다. 나는 그와 이혼하고 얼마 지나지 않아 새로운 남자를 만나기 시작했는데 왜 그렇게 서둘렀냐고 묻는다면 나는 상처를 받았고, 약해졌고, 그래, 사실 조금 절박하기도 했다.

초반에는 평범하고 친절한 남자들을 만났다. 하지만 도무지 그들과는 아무것도 함께 하고 싶지 않았다. 그러다가 내 모습을 거울처럼 보여주는 남자를 기어코 찾아내고 말았다. 나는 그에게서 상처받고, 약한, 절박한 모습을 본 것이다. 이 남자는 '바람둥이 B'로 부르겠다. 우리는 꽤나 잘 어울리는 한 쌍이었다. 하지만 몇 달 지나지 않아 그는 바람을 피웠다. 그 사실을 알게 되었을 때 나는 내 침실 바닥에 그대로 무너져 내렸다. 머리가 핑핑 돌았고 '이런 일이 또 일어나다니 믿을 수 없어. 믿을 수 없어…'라며 끝없이 중얼거렸다.

두 번 연속으로 사랑하는 사람에게 배신당한 뒤, 나는 나의 태도에도 잘못이 있었다는 것을 깨닫게 되었다. 물론 바람을 피운 게 배신이고 잘못이라는 점은 자명하다. 하지만 두 번 연속으로 배신을 당하고 나니 내가 어떤 사람이었는지, 어떤 선택을 했는지, 어떤 것들을 감내했고 어떤 것들을 배웠는지 오랜 시간 동안 고민하지 않을 수 없었다.

당신도 나와 비슷한 경험을 했다면, 그 기분이 얼마나 더러운지 이해할 것이다. 하지만 당신이 그 관계에서 벗어났든, 여전히 그 관계 안에 있든, 가만히 앉아 당신이 배운 것이 무엇인지 곰곰이 생각해보는 것만으로도 성장하는 데 어마어마한 도움이 된다. 다음은 내가 배운 교훈들이다.

- **배신을 당했다고 해도, 그건 당신의 문제가 아니다.** 내가 만났던 남자들이 난잡한 생활을 한 것은 내 잘못이 아니다. 그들만의 사정, 불안, 그리고 갖가지 이유들 때문에 벌어진 그들의 문제였다. 바람을 피우는 사람들은 결코 마음이 건강할 수 없고, 가장 자신다운 모습을 찾지도 못한다. 우리가 자주 하는 질문 중 하나가 '어떻게 나한테 이럴 수 있어?'이다. 하지만 그건 정말로 '나'에게 일어난 일은 아니다. 이렇게 생각하면 상처받은 마음을 다른 누군가의 탓으로 돌릴 수 없게 되지만 설령 누군가를 탓하고 있다고 해도 그런 자신을 비난하지도 말자.

- **당신이 충분히 예쁘지 않아서, 날씬하지 않아서, 잠자리에서 만족을 주지 못해서 이별한 것이 아니다.** 나는 '그때 이렇게 했으면 어땠을까? 가슴이 조금 더 컸다면 어땠을까? 그 여자가 나보다 더 예쁜가? 더 재치 있나?' 등 끝없이 이어지는 생각에 강박적으로 집착한 나머지 셀 수 없는 밤을 뜬눈으로 지새우다 결국 머리가 폭발할 지경이었다. 하지만 문제는 이거다. 정해진 답은 없다는 것. 답을 찾아내려고 터무니없는 짓들을 시도할지도 모르지만, 결코 그 답을 찾지는 못할 것이다. 왜냐하면 그 일이 당신 때문에 일어난 일이 아니니까! 당신은 그 모습 그대로 너무나도 멋진 사람이다.

- **당신이 연애에 '서툴러서' 이별한 것이 아니다.** 바람둥이 B와 헤어진 뒤, 나는 내가 지구에서 제일 형편없는 연애 상대라고 확신했다. 독신을 맹세하기도 했고, 심지어 수녀원에 들어가 수녀가 될까도 고민했다. 그런데 바람둥이 B와 헤어지고 나서 스스로를 분석해 본 결과, 나는 꽤 괜찮은 연인이었지만 더 나아질 수 있다는 것도 깨달았다. 좋은 연인을 고르는 일에는 서툴다는 사실을 알게 되었다. 그래서 얻은 교훈이 바로…

- **어째서 계속 같은 종류의 사람을 반복해서 고르게 되는지 고민해야 한다는 것이다.** 나는 바람둥이 A가 나에게 좋은 사람이 아니라는 것을 알면서도 그와의 연애를 선택했고, 그와의 결혼을 선택했다. 그와 헤어지고 이내 나는 바람둥이 B와 새로운 연애를 시작하기로 선택했는데, 당시에도 내 상처를 치유하는 게 먼저라는 것을 알고는 있었다. 물론 그들이 꼭 바람을 피울 것을 예상했다고 할 수는 없지만 내게 좋은 사람은 아니라는 것도 알고 있었다. 그래, 그들을 선택한 것도, 그들과 함께 하기로 선택한 것도 나였다. 그러니 그 결정에 책임을 지는 것도 나여야 했다.

  나는 바람둥이 A와 헤어지고 충격이 너무 큰 나머지, 바람둥이 B에 대해 완전히 잘못 짚고 말았다. 그에게는 나밖에 없다고 믿어버리고 만 것이다. 나는 상대가 속이기 쉬운 사람이었다. 금세 사랑에 빠지는 사람이었고, 무엇이든 내어줄 준비가 되어 있었다. '끼리끼리 만난다'고 했던가. 나는 엉망진창인 남자를 또 만나고 말았다.

- **이별은 슬퍼한 뒤 극복해야 할 사건이다.** 이별을 당신의 관계 그리고 관계의 상대와는 별도의 것으로 따로 떼어놓고 생각해보자. 나는 상대방에게 배신당한 경험이 끔찍한 트라우마로 남는다는 사실을 알게 되었다. 나의 결혼생활은 의심과 거짓말, 싸움과 발각의 순간 등으로 짜인 한 편의 충격적인 드라마였다. 하지만 나는 이 배신의 상처를 극복해내야만 했고, 이별의 슬픔과는 다른 슬픔을 또 느껴야 했다. 여전히 그 사건을 생각하면 콕 찌르는 듯 마음이 따끔하다. 하지만 괜찮다. 그건 아무런 의미도 없으니까. 지금도 아프다고 해서 그 관계 혹은 그 바람둥이가 그립다는 뜻은 아니다. 그때의 상처는 많이 아팠고, 끔찍했다. 그게 전부다.

- **나쁜 연애가 자주 반복된다면, 그건 평범하고 정상적인, 건전한 연애를 유지하는 것이 어떤 기분인지 모르고 있다는 신호일 수 있다.** 내게도 이 사실은 충격이었다. 지금의 남편을 만났을 때, 나는 다시 심리 상담사에게 달려갈 수밖에 없었다. 나는 상담사에게 지금 이 관계가 아주 좋다는 것은 알지만 너무 지루해 죽겠다고 말했다.

상담사는 나의 지난 연애가 비극과 긴장으로 가득했기 때문에, 평범하고 건전한 관계를 형성한 지금 내가 어떻게 행동해야 하는지를 모르고, 그래서 그런 기분을 느끼는 거라고 설명했다. 그 말을 듣고 정신이 번쩍 들었다. 건강한 대화를 나누는 법은 물론이고 건전한 관계는 때때로 조용하고 평온하다는 사실도 배워야 했다. 그러니까 함께 살면서 서로 소리를 지르거나 문을 쾅 닫으면 안 된다는 것이다. 흥, 누가 이럴 줄 알았겠는가?

- **나쁜 이별을 통해 당신은 자신의 직관을 신뢰할 수 있게 된다.** 나와 친구가 되었으니 하는 말이지만, 그 경험은 내게 '오지게 독한' 교훈을 남겼다. 나는 바람둥이 A 그리고 바람둥이 B와 지내는 내내 직관의 목소리를 무시하고 지냈다. 바람둥이 B와 만나는 동안 내 직관은 빨간 불을 깜빡이며 사이렌을 울려댔지만 나는 그 신호를 그냥 지나쳐버렸다. 아무와도 안 만나느니, 나쁜 남자라도 만나는 게 낫다고 생각했다.

지금 생각하면 그랬던 과거가 부끄럽다. 그 사람과 함께 한 건 나였기 때문에, 우리의 관계가 얼마나 나빴는지 제일 잘 아는 것도 나였다. 하지만 내 직관은 한 번도 나를 내버려 두지 않았다. 나를 도우려고 계속해서 노력했고, 절대 포기하지 않았다.

마침내 내 인내심이 바닥났을 때 나는 직관의 목소리에 수긍했고, 그를 떠났다. 이제 와서 생각하는 거지만 직관의 목소리에 더 일찍 귀 기울였다면 골칫거리들을 훨씬 덜 겪을 수 있었을 것이다. 자신의 '촉'에 귀 기울이는 훈련을 반복하여 '직관 신뢰의 달인'이 되어보자.

해로운 관계의 그늘 속에 있다 보면, 관계를 정리했을 때 생길 좋은 일들을 직시하기 어렵다. 그래서 당장은 관계에서 벗어나면 반드시 나아질 거라고 말하는 내가 때려주고 싶을 만큼 얄미울 수도 있다. 하지만 한번 믿어보시라. 연습하고 스스로 분석하는 과정을 거치면, 그 과정 속에서 당신은 더 나은 사람으로 거듭날 것이다.

나는 과거의 나쁜 관계를 통해 배운 것이 너무 많고, 그래서 한 없이 감사하다. 그 경험에 대해서는 단 하루도 후회하지 않는다. 그 시간들을 후회로만 보냈더라면, 오늘도 나는 후회하는 순간 속에 살고 있지 않을까?

10
억울하면
지는 거다

나를 위한 인생을 산다는 것은 한 편으로는 스스로 행복해지는 방법을 안다는 것을 의미한다. 하지만 자신이 진정으로 원하는 것이 무엇인지 확신하지 못하고 혼란을 느끼는 여성들이 많다. 행복해지기 위한 선택을 내리는 것은 늘 쉽지만은 않은 일이다. 때로는 분노, 낙담, 슬픔과 같은 부정적인 기분에 매달리는 게 훨씬 쉽게 느껴지는데, 그 편이 더 익숙하기 때문이다.

나는 결혼 생활이 완전히 끝난 날로부터 1~2주쯤 지난 어느 저녁, 심리 상담사를 찾아갔다. (전)남편이 자기 가족을 포함해 주변 사람들 전부에게 나에 대해 거짓말을 늘어놓았기 때문이다. 지난 13년간 그의 가족은 나의 가족이기도 했으므로 나는 몹시 분노했고 충격에 빠졌다. 그의 목을 조르고 급소를 걷어 차버리고 싶을 정도였다. 단지 '열 받았다'라는 말로는 내 분노를 다 표현할 수가 없었다.

나는 심리 상담사에게 내가 그를 얼마나 증오하는지에 대해, 그리고 내가 여전히 애정을 갖고 있는 사람들에게 내 입장을 변호하지 못하는 게 얼마나 불공평한지에 대해 열변을 토했다. 내 이름이 진흙탕 위에 내팽개쳐졌는데, 내가 할 수 있는 일은 아무것도 없다. 나는 명예를 회복하기 위한 계획을 상담사에게 모두 털어놓았다. 그 계획에는 모든 사람들에게 이메일을 보내 그들을 한자리에 불러 모으고, 잘못된 사실을 바로잡는 일도 포함되어 있었다. 그게 통하지 않을 경우, 한 명 한 명에게 일일이 전화를 걸어 내 입장을 설명할 계획이었다. 내 눈엔 이 모든 계획이 아주 합리적이고 옳은 일처럼 보였다.

그러자 상담사가 물었다.

"이 계획을 통해 얻고자 하는 게 무엇이죠?"

나는 모두에게 진실을 알리고 싶다고 설명했다. 잘못은 그가 했고 나는 옳았다는 진실을 알리고 싶다고 당당하게 말했다.

그러자 상담사는 이렇게 말했다.

"물론 계획을 실천할 수 있겠죠. 하지만⋯ **잘못을 바로잡는 것과 자유로워지는 것 중 뭘 선택하고 싶어요?**"

그 말에 상당히 망연자실했던 기억이 난다. 상담이고 '건강'한 방법이고 뭐고 간에 다 때려치우고 싶었다. 하지만 그녀의 말이 옳았던 건 사실이다. 나는 마음의 평화를 얻기 위한 가장 빠르고 쉬운 방법을 찾아야 했다.

그때 처음으로 자유를 선택할 힘도, 마음의 평화를 선택할 힘도 모두 내게 있다는 것을 깨달았고, 내게 스스로의 기분과 감정을 변화시킬 힘이 있다는 것도 깨달았다. 또 하나, 충동적으로 행동하면 남는 건 부정적인 감정과 인생의 혼란뿐이라는 것 역시 깨달았다. 사실 난 피곤했고, 그냥 쉬고 싶었다.

그래서 복수심은 놓아버렸고, 대신에 자유와 마음의 평화를 선택했다. 하지만 이것은 그간 내가 했던 일 중 가장 어려운 일이었다. 특히 모든 혼란의 한가운데 서 있었던 그때는 더욱 힘들었다. 온전한 마음의 평화를 얻기 위해서 나는 그를 용서해야 했다.

사실 그날 당장 그를 용서할 수 있었던 건 아니다. 다만 용서의 씨앗을 뿌렸을 뿐. 한동안은 머릿속에서 복수하고 싶다는 생각을 떨쳐낼 수가 없었다. 그 사람이 고통 받기를 원했고, 내게 한 짓의 대가를 치르게 하고 싶었다.

하지만 한편으로 나는 자유롭고 싶었다. 내가 스스로 짊어진 고통으로부터 벗어나고 싶었다. 미래의 불확실성으로부터 자유롭고 싶었고 그와 함께 있을 때의 내 모습으로부터 자유롭고 싶었다. 이렇게 했었다면, 저렇게 했었다면 달랐을지 모른다는 생각에 집착해 스스로를 옭아매던 족쇄에서 자유롭고 싶었다.

물론 정말 힘들었다. 결혼 생활은 끝났고, 이 세상에 홀로 남겨진 것 같았고 내가 할 수 있는 일은 없었다. 당신이 처한 끔찍한 상황이 무엇이든, 그 상황을 떠올릴 때마다 분노와 슬픔이 밀려오는가? 그리고 내가 그랬던 것처럼 분노와 슬픔에 상응하는 행동을 하고 싶어지는가? 그렇다면 그 행동을 하고 나면 부정적인 기분에서 벗어나 자유로워질 수 있을지, 아니면 분노와 슬픔만 더 커지게 될지 스스로에게 물어보자.

전 남편을 증오했지만 그걸로 바뀌는 건 없었다. 내 입장을 설명한다 한들 시간을 되돌려 이미 일어난 일들을 없던 일로 만들 수는 없었다. 그에 대한 증오, 상황에 대한 분노는 그저 나를 절망하게 할 뿐이었다. 게다가 그는 내가 행복한지 불행한지 관심도 없었다.

그렇다. 선택은 내 몫이었다.

그리고 나는 마음의 평화를 택했다.

그를 용서하는 데는 몇 달이 걸렸다. 그가 내게 용서를 구하길 바라진 않았고, 그냥 내가 용서하기로 했다. 어느 날 나는 그가 다니던 직장 근처에서 정지 신호에 차를 세우고 앉아 있다가 혼자 큰 소리로 외쳤다. '널 미워하는 건 이제 그만둘래. 용서할게.'

용서는 생각했던 것보다 쉬웠지만 지금도 여전히 전 남편이나 그때 있었던 일을 생각하면 다시 예전 상황이 떠올라 분노가 치밀곤 한다. 그럴 땐, 내가 더 이상 이 기분에 얽매이고 싶지 않다는 사실만 떠올린다.

지금 당신만의 전쟁이나 싸움의 한가운데에 있다면, 마음의 평화를 위해 무엇을 할 수 있을지 스스로에게 질문을 던지자. 예를 들어, 어떤 결정을 내리는 데 고심하고 있다면 '더 쉽게 결정할 수 있는 방법은 없을까? 이렇게 고민하지 않으려면 뭘 내려놓아야 할까?'라고 자문해볼 수 있다. 그리고 대부분의 경우, 정답은 바로 코앞에 놓여 있다. 다만 이 문제에 집착하고 있는 자기 자신에게 빠져서 그밖에 존재하는 다른 길은 보지 못할 뿐이다.

우리는 타인이 가진 그 무엇도 통제할 수 없다는 사실을 기억하자. 그러니 설령 그것이 싸움이나 돈, 심지어 '승리'를 포기하는 일일지라도 그냥 놓아버리자. 마음에 평화와 안정을 품으면 당신은 언제나 승자가 될 것이고, 언제나 풍족함을 느낄 것이고, 언제나 '당신에게 옳은' 결정을 내릴 수 있을 것이다.

11

전 애인에
미련을 버려, 칼같이

나는 열네 살 때 처음 차였다. 첫 남자친구였던 그 애는 만난 지 6개월 정도 지났을 때 교실을 가로질러 와서 내게 쪽지를 건넸고, 우리는 끝이 났다. 수학 시간에 나는 '우린 그냥 손을 잡는 친구 그 이상은 아닌 것 같아'라고 적힌 쪽지를 읽으며 눈물로 얼굴을 적셨다. 달리 말하면, 첫사랑은 내가 손잡는 것 이상을 허락하지 않았기 때문에 나를 차버렸다.

두 번째로 차였을 때 나는 열여섯 살이었고 남자친구와 나는 1년째 사귀고 있었다. 그가 날 차버리면서 댄 핑계는 '친구들과 더 많은 시간을 보내고 싶어'였는데, 나중에 알게 됐지만 그 말은 '나에게 계속 추파를 던지는 귀여운 신입생과 사귀고 싶어'라는 뜻이었다.

그리고 결혼한 뒤에는 내 남편이 나를 차버렸다. 그러니 우리 대부분이 그렇듯, 나 역시 이 분야에 일가견이 있다고 말할 자격은 충분하다.

지난 몇 년 동안 전 세계의 상처받은 여성들로부터 많은 이메일을 받았다. 그들은 자신을 차버린 연인에 대해 이야기를 쏟아냈고, 자신이 그 사람을 위해 어떤 일까지 했는지, 얼마나 상처를 받았는지에 대해 이야기했다. 이메일은 항상 '제발 도와주세요. 전 이제 어떻게 해야 하죠?'로 끝났다.

모두에게 저마다의 이야기가 있겠지만, 과거를 돌아보며 내가 얻은 교훈을 목록으로 만들어보았다. 치유의 과정이 그토록 오래 걸릴 수밖에 없었던 이유는 내가 몇 가지 실수를 했기 때문이었다. 그래서 당신만은 내가 했던 실수들을 피할 수 있기를 바라며, 내가 배운 것들 중에서도 특히 중요한 것만 간추려 전한다.

스토킹을 멈추자

페이스북 '친구 끊기' 하는 정도에서 그치지 말고 전 애인을 아예 차단하라. 구글에서 이름을 검색하지도, 전 애인 집 근처를 드라이브하지도, 그냥 순수한 의도로 '안녕'이라는 문자 메시지를 보내지도, 당신이 여전히 그 사람을 생각하고 있다고 친구를 시켜 전하지도 말자. 스토킹도 금지다. SNS 팔로우도, 위치 추적도 안 된다.

전 애인과 다시 친구가 된 척도 하지 말자. 친구 사이란 보통 비밀을 털어놓고 지금 사귀고 있는 사람에 대해 이야기한다. 전에 사귀던 사람과 정말 그렇게 지내고 싶은가? 가슴에 손을 얹고 그 사람에게 아무런 감정이 없다고 자신 있게 말할 수 있다면, 그리고 전혀 상처받지 않을 수 있다면 그렇게 해도 좋다. 하지만 그럴 리가 없다.

한번 잘 생각해보자. 위의 행동들이 당신을 기분 좋게 할까? 어느 하나라도 당신의 치유에 도움이 되거나, 그 사람이 당신에게 돌아오고 싶도록 하거나, 어떻게든 도움이 될 것 같은가? 어떤 행동을 하든 당신은 그런 자신의 모습과 자신이 처한 상황에 더 낙담하게 될 뿐이다. 기억하자. 선택은 당신 몫이다.

슬퍼할 시간을 충분히 갖자

전 남편이 나를 떠나고 눈앞의 안개가 걷힌 뒤에, 나는 스스로를 추스르고 치유를 향한 지름길을 모색했다. 심리치료도 받았고, 자기 계발서도 읽었고, 지지 단체에도 가입했다. 이혼하는 사람이 거쳐야 할 모든 것들을 거친 셈이다.

누군가 내게 '시간만이 널 치유해줄 거야'라고 말할 때마다 그들에게 척 노리스(Chuck Norris, 미국 영화에서 킬러 역할을 전담했던 배우-역자 주)를 보내 그들의 목젖에 주먹을 날리게 하고 싶었다.

시간은 내가 어떻게 할 수 있는 게 아니었기 때문에 그런 이론들은 다 없어져 버렸으면 좋겠다고 생각했다.

어쨌든 나는 서둘러 치유를 위한 과정에 돌입했고, 지나간 달력을 보며 자축했다. 시간이 흘렀다는 것은 내가 그 시간만큼 치유되었을 거란 의미이기 때문이다.

그러던 어느 날 밤 꿈을 꾸었는데, 꿈속에서 우리는 여전히 결혼한 상태였고 행복한 커플이었다. 꿈에서 깬 뒤, 모든 게 수포로 돌아간 듯한 기분을 지울 수 없었다. 계획이 틀어졌다는 사실에, 그에 대한 생각을 멈출 수 없다는 사실에 화가 났다. 나는 울며 극도로 흥분한 상태로 심리 상담사에게 전화를 걸었다.

"이게 대체 무슨 일일까요?" 내가 물었다.

상담사는 그 어느 때보다도 차분한 목소리로 내게 말했다.

"고통도 다 치유의 과정이라고 했던 말 기억해요? 그 과정을 계속 반복해서 겪게 될 거예요. 아마 수년 동안 지속될 수도 있죠."

그건 내가 듣고 싶던 대답이 아니었다. 하지만… 그 말에 수긍할 수밖에 없었고, 그래서 내 감정을 있는 그대로 받아들이기로 했다. 물론 바로 실행할 수 있었던 것은 아니다. 시간이 지나면서 가능해졌을 뿐이다.

사실 나는 당시 내 인생의 거대한 부분을 차지했던 결혼에 사망 선고를 받은 셈이었으니까. 난 전지전능한 신이 아니기 때문에 슬픔을 마음대로 통제할 수 없었다. 아무리 노력해도 시간을 앞당길 수도 없었다. 하지만 일단 모든 것을 내려놓고 나니 그때부터는 조금씩 쉬워졌다.

바쁘게 지내자

시간은 많고 하는 일 없이 혼자 남겨지면 마음이 방황하기 쉽다. 피해 의식이 먼저 찾아오고 우울감이 들다가, 그 사람을 다시 되찾아올 궁리를 하게 된다. 그러다 복수를 계획하거나 어떻게 골탕 먹일까 머리를 싸매기도 한다.

이별 후 할 수 있는 최선의 행동은 달력을 꺼내 일정으로 채워나가는 것이다. 전화를 걸어볼 만한 사람이라면 모두 전화하고, 하고 싶었던 새로운 운동을 시작하고, 한 번도 해보지 않았던 요리에 도전하자. 마음이 시키는 대로 봉사 활동을 해도 좋다. 무엇이든 해보는 거다.

여기에 하나 더, 당신의 미래를 계획하는 것도 좋은 방법이다. 목표를 정하고 실현 가능한 단계를 세운 뒤 세부 계획들을 만들어보자. '꼭 해야 하는 일들'의 목록을 만들고 계획도 빈틈없이 세우자. 관계에 매여 있던 때엔 할 수 없었던 일들 중 도전하고 싶은 게 무엇인가? 지금이 바로 당신이 원하던 일을 할 기회다.

그 경험을 축복이라고 생각하자

지금까지 들어본 말 중 가장 멍청한 소리처럼 들릴 수도 있다. 특히 이별의 늪 깊은 곳에서 허덕이고 있다면 분명 더 그렇게 들릴 것이다. 하지만 내 말 좀 들어보시라. 생각을 바꾸면 산도 움직일 수 있다. 이별을 경험한 뒤 배운 것을 항목별로 적어 내려가라. 항목을 적을 때는 나 자신에게 초점을 두는 게 좋다. 이렇게 질문해보자.

- 나 자신에 대해 무엇을 배웠는가?
- 관계에 대해 어떤 것을 알게 되었는가?
- 내가 감당할 수 있는 것, 감당할 수 없는 것에 대해 무엇을 배웠는가?
- 내가 가져가야 할 상황, 감정, 생각 혹은 믿음은 무엇인가?

당신이 얻게 된 교훈이 전부 부정적인 것 일색이라면 각각에 대해 '정말 그게 사실일까?'라는 의문을 가져보자. 예를 들어, 당신이 이별을 통해 배운 것이 '난 연애에는 소질이 없어'라면, '그게 정말 100퍼센트 확실해?'라고 의심을 품어보는 것이다. 요점은 그 경험에 대해 냉철하게 분석하고, 그 경험으로부터 배운 것들을 더 나은 나를 만드는 데 활용하는 것이다.

헤어진 연인에게 흔들리지 말자

헤어진 연인이 당신에게 의미심장한 신호를 보냈거나, 혹은 자신이 원하는 게 뭔지 아직 결정하지 못했다고 말한다. 이제 당신의 심장은 탁구공처럼 이리 튀고 저리 튀기 시작한다. 그 사람도 혼란스러운 것일 수는 있다. 하지만 정말 당신과 함께 하길 원하는지 아닌지 계산하면서 당신이 그 주위를 맴돌면, 그 사람의 자존감만 높여주는 꼴이 된다. 그러니 그의 곁을 떠나라. 진정으로 당신을 사랑하는 사람은 당신에게 그런 짓을 하지 않는다.

그는 그저 '곧 내게 돌아올 거야'라는 한 가닥의 희망을 품게 하는 데 선수일 뿐이다. 그리고 그렇게 흔들리는 동안 당신의 진심은 학대받고, 상처받고, 무시당한다. 완전히 불공평한 관계 아닌가? 상대를 위한 최선이 아니라 당신을 위한 최선을 선택하라.

과거와 한 침대에 눕지 말자

사귀던 사람과 헤어진 뒤에도 여전히 잠자리를 하면서 그게 헤어진 연인을 되찾을 방법이라고 생각하는 여성들을 나는 도저히 이해할 수 없다. 진실은 그가 당신과 잠자리를 갖는 이유는 그저 '당신이 그러고 싶어 하니까'이다. 관계를 되돌리고 싶은 생각이 있어서가 아니라는 말이다. 당신이 침실에서 어떤 새로운 수를 쓰든 그건 중요하지 않다. 그가 당신과 함께 침대에 눕는 이유는 오직 '섹스' 때문이다. 그 후 당신에게 남는 건 혼란과, 텅 빈 희망, 감정의 혼돈뿐이다. 그리고 심하게는 성병도 남을 수 있는데, 그가 다른 여자도 만나고 있을 가능성이 높기 때문이다.

완전히 잊는 건 불가능하다는 사실을 받아들이자

과거의 연인 관계에 대해 100퍼센트 무감각해질 수 있는 사람은 거의 없다. 마음에 흉터 같은 것이 남는다. 거의 대부분 치유할 수는 있지만 그때를 떠올릴 때마다 여전히 조금 따끔거리긴 할 것이다. 하지만 그 상처가 무언가를 의미한다고 볼 필요는 없다. 따끔거림이 다시 그 사람에게 돌아가고 싶은 마음, 애틋한 마음을 뜻하는 게 아니니까. 그 상처는 그저 당신이 인간이라는 증거이자 그 사람에게 애정을 가졌었다는 것을 의미할 뿐이다.

만일 그 사람을 떠올리는 생각들로 다시 슬픔에 빠지게 되거나, 혹은 사귈 때 당신이 했던 행동 때문에, 헤어졌다는 사실 때문에 스스로를 증오하게 되었다면 그건 문제가 될 수 있다. 하지만 여전히 그 사람을 떠올리고, 떠올렸을 때 조금은 마음이 아프다면, 내가 보기에 당신은 정상이다.

스스로에게 혼자 남을 시간을 주자

이별하기 무섭게 연애를 시작하는 타입이라면 주목하시라. 당신이 늘 연애 중인 이유에 대해 깊고 솔직하게 분석해야 한다. 나는 내가 사랑에 중독되었다는 것을 인정하던 순간 정신이 번쩍 들었다. 그래 맞다. 노래 제목 같은 게 아니라 말 그대로의 '중독'이었다.

당신에게 해당되는 얘기는 아닐 수 있지만 그래도 살펴볼 가치는 있다. 이별 후 다음 연애를 즉시 시작한다면 그건 당신이 연애 자체에 중독되었다는 의미일 수도, 연인에게 중독되었다는 의미일 수도, 혹은 '사랑'에 중독되었다는 의미일 수도 있다. 사랑 중독자들은 그 관계 자체에 취한다.

건강한 관계에서 독립심은 필수 요소다. 만일 당신의 연애가 자꾸만 실패로 끝난다면, 아마 지금이 바로 혼자 시간을 보낼 적기일지도 모른다. 오롯이 혼자서 자신에 대해 알아가 보자. 연애에서, 인생에서, 미래에 대해서 내가 원하는 것이 무엇인지를 찾아보자. 연애를 하는 목적이 누군가와 한 쌍이 되기 위함인가? 아무래도 혼자인 건 힘드니까?

문제는 그런 이유 때문이라면 당신은 평생을 '그 누군가'를 찾아 헤매게 되거나, 병든 관계라도 어떻게든 유지하려고 애쓰게 되거나, 서로의 문제가 대체 뭔지를 고민하며 머리를 쥐어뜯게 될 것이라는 점이다. 사실은 당신이 스스로에 대해 잘 모르는 것이 가장 문제인데도 말이다.

★

이별의 아픔을 피해갈 수 있는 길은 없다. 하지만 자기 연민에 빠져 절망적으로 행동하는 것은 답이 아니다. 자신을 늘 먼저 생각하고, 연애 외에 진심으로 원하는 것이 무엇인지 깨닫고 나면 비로소 나다운 나를 찾아가는 길 위에 설 수 있게 된다.

12

후회되는 일과
화해하기

우리는 늘 '후회하고 살지 마세요!'라는 말을 듣는다. 나 역시 조언자로서 그 말을 해주는 걸 의무처럼 느낀다. 후회는 안고 살기에는 너무 끔찍한 기분이다. 왜냐하면 99퍼센트의 경우 상황을 되돌리거나 바꿀 수 있는 방법은 없기 때문이다. 결정은 이미 끝났는데 뒤돌아보니 최선의 결정이 아니었다는 것을 깨닫게 될 뿐이다.

하지만 내가 분명히 얘기해줄 수 있는 것은 **어떤 경험으로부터 배운 게 있다면 그건 후회할 일이 아니라는 거다.** 끝나버린 관계의 경우 마음 한편에서는 비참한 기분과 분노가 느껴질 테고, 지나간 시간이 아까워 다시 시간을 되돌리고 싶을 수도 있다. 하지만 당신이 그 경험으로부터 얻은 깨달음이 하나라도 있다면(아마 긴 목록도 채울 수 있을 거라고 확신한다) 당신에게는 후회할 이유가 조금도 없다.

이혼 후 한 사람을 만났을 때 나는 학사 학위를 끝마치기 위해 학교에 복학한 상태였다. 남은 한 학기는 호주에서 보내고 싶었다. 호주는 늘 가보고 싶었던 곳이었고, 그때가 가장 완벽한 기회였다. 나는 싱글이었고 아이도 없었으니까. 호주로 떠날 수 있는 일생일대의 기회라고 생각했다. 호주 교환 학생 등록을 위해 필요한 모든 정보를 모았고 학자금 대출을 받으면 비용을 감당할 수 있다는 것도 알았다.

하지만 당시 상대방이 내가 떠나는 것을 원치 않았고, 그래서 나는 호주에 가지 않기로 했다.

지금까지도 그때 그 결정을 후회한다. 가는 게 당연했다. 내 마음이 시키는 일을 했어야 했다. 그 사람 때문에 기회를 포기해서는 안 됐다. 하지만 어쨌든 나는 가지 않았고, 아직 시간 여행을 아무도 발명하지 않았기 때문에 그 결정에 대해 내가 할 수 있는 일은 여전히 아무것도 없다. 물론 미래에 호주 여행을 할 수는 있을 것이다. 하지만 모든 선택권을 두 손에 쥐고 있었던 그때 그 시간을 다시 되돌릴 수는 없다. 그래서 후회 없는 인생을 살아야 한다는 생각을 하면 그때 생각이 떠올라 기분이 좋지 않다.

당신 역시 후회하고 있는 일이 적어도 하나 이상은 있을 것이다. 놓쳐버린 기회, 혹은 되돌릴 수 없는 선택이 후회로 남았을 수 있다. 만일 그렇다면 그 후회를 끝내는 데, 어쩌면 극복하는 데 도움이 될 팁들을 소개할 테니 참고하기 바란다.

- **슬퍼하자.** 이미 놓쳐버린 구직 기회를 뒤늦게 발견하고 후회하고 있는가? 그 사람이 살아 있을 때 꼭 해주고 싶었던 말이 있는데 해주지 못해 후회하는가? 이런 일들은 정말 후회할 만한 일들이다. 그러니 스스로에게 충분히 슬퍼할 시간을 주자. 화도 내고, 슬퍼도 하고, 절망도 하고… 그리고 후회도 하자.

- **경험으로부터 배우자.** 좋든 싫든 우리는 어려운 상황을 겪으면서 무언가를 배우게 되어 있다. 내 경우에는 직관이 옳았다는 걸 배웠고, 비위 맞추는 일로 성공할 수는 없다는 것도 배웠다. 이런 교훈들을 후회로부터 배울 수 있다. 적어도 '다시는 그런 행동을 하지 말아야지'라는 교훈이라도 남는다.

- **후회되는 일과 화해하자.** 후회하는 일 때문에 여전히 스스로를 비난하고 있는가? '정말 멍청했어! 내가 그런 짓을 했다니 믿을 수가 없군!'이라고 생각하는가? 과거를 바꿀 수 없다는 것쯤은 당신도 이미 알고 있다. 이미 내린 결정을 되돌릴 수 없다는 사실 역시 마찬가지. 하지만 그 일에 대해 어떻게 받아들일지, 그 일을 다른 사람들에게 어떻게 이야기할지는 바꿀 수 있다. 이미 일어난 일에 대한, 출구 없는 대화는 그만두자.

- **스스로를 용서하고 이미 일어난 일은 바뀌지 않는다는 사실을 받아들이자.** 과

거에 실수를 저지른 자신을 용서하는 방법에 대해선 따로 이야기하겠지만, 이건 이번 장에서도 빼놓을 수 없는 이야기이다. 과거의 실수가 당신을 지독히 괴롭힌다면, 대체 그 후회의 시간을 통해 얻고자 하는 게 무엇인지 스스로에게 물어보자. 그 실수 때문에 자신의 미래를 비관하고 있는가? 아니면 스스로에게 실패자라는 후회의 꼬리표를 붙였는가?

모두가 그렇다고 할 수는 없지만 우리 중 대부분은 인생의 마지막 순간에 후회스러운 일들을 떠올린다. 인생을 살다 보면, 자신의 생각을 가감 없이 말해야 하는 순간들이 찾아온다. 그러다 보면 한두 번 후회도 하고, 어쩌면 열 번의 후회도 하게 되는 것이다. 하지만 당신의 인생에서 일어나는 모든 일은, 심지어 당신의 후회까지도, 어떤 식으로든 당신을 완성하는 데 쓰인다. '어떻게' 완성할지는 바로 당신이 결정해야 한다.

13

이것만큼은
'타협 절대 불가!'

인생의 '타협 불가 항목'이란, 그게 없을 때 상실감, 불안, 부족함, 불행을 느끼게 되는 어떤 것을 말한다. 크건 작건, 당신에게는 신성한 의식과도 같은 의미를 지니는 무언가다.

이를테면 당신은 아침마다 커피가 필요한 사람이다. 하지만 만일 무슨 일이 생겨서 커피를 마시지 못하게 된 날은, 당신은 자기 안의 포악한 제 2의 자아를 꺼낼지도 모른다. 만일 이게 당신의 얘기라면, 아침에 마시는 커피 한잔은 당신의 타협 불가 항목이라고 할 수 있다. 타협 불가 항목들은 당신의 가치 목록 중에서도 매일 실현되어야 하는, 형태가 있는 가치에 속한다.

그렇다면 타협 불가 항목은 왜 중요할까? 그 이유는 우리는 모두 '나는 어떤 사람인지, 나를 가장 나답게 하는 것들이 무엇인지'에 대해 명확히 알고 싶기 때문이다. 당신이 가장 당신다운 모습일 때 다른 사람들은 당신이 스스로를 존중하고 있다고 느끼며, 그럴수록 그들 역시 당신을 존중하게 된다.

좀 더 이해하기 쉽게 설명하면 다음과 같다.

1. 당신은 스스로를 행복하게 하는 게 무엇인지 알고 있다.
2. 당신은 스스로를 행복하게 하는 일을 한다.
3. 당신의 주변 사람들 역시 그것을 인지하고 있고, 당신을 위해 같은 방식으로 노력한다.
4. 다른 사람들이 당신과 당신의 인생을 전보다 더 존중하게 된다.
5. 세상은 더 나은 곳이 된다.

당신의 타협 불가 항목이 무엇인지 확신할 수 없을 때, 그걸 알아내는 방법은 무엇일까? 우선 당신의 타협 불가 항목이 뭔지 모른다 해도 슬퍼하지 말자. 아주 오랫동안 다른 사람들을 신경 쓰며 바쁘게 지내느라 아직 깨닫지 못했을 뿐이다. 당신이 곰곰이 고민해볼 만한 질문들을 몇 개 준비했다. 머리가 아니라 마음의 소리에 귀 기울여보자.

- 하지 못했을 때 당신의 기분을 상하게 하는 일은 무엇인가?
- 그 일을 하다가 계획대로 하지 못하게 됐거나 방해를 받았을 때 화가 나고 짜증났다면, 그 일은 무엇이었는가?
- 내가 살아 있음을, 나다움을 가장 크게 느끼게 하는 일이 무엇인가?

이 질문들을 다 읽고 대답을 하려고 해도 여전히 잘 모르겠다면 제 4장으로 돌아가 당신의 가치 목록을 살펴보라. 가치 목록은 당신에게, 그리고 당신이 인생을 살아가는 방식에 대단히 중요한 것들의 목록이었다. 나는 당신에게 그 목록에 점수를 매겨보라고 제안했다. 가장 높은 점수를 받은 항목을 살펴보자. 당신은 매일 최선을 다해 그 가치를 지키며 살아간다.

예를 들어 당신은 [주변 환경]에 9점을 줬다. 지금 살고 있는 마을이 아주 마음에 들거나 당신의 침실을 꿈꾸던 모습으로 꾸몄을 거다. 이때 당신의 타협 불가 항목이란 '쾌적한 공간에서 보내는 일상'이다.

타협 불가 항목이 거창하거나 기념비적일 필요는 없다. 지금 든 예처럼 아주 소소한 것일 수 있다. 또 어쩌면 당신이 낮은 점수를 줬던 가치 항목 중 한두 개가 사실은 타협 불가 항목일 수도 있다. 그러니 그 항목들도 잊지 말고 살펴보자. 점수를 높이는 데 도움이 되는 쉬운 일들이 분명 있을 것이다.

이를테면, 지금 내 타협 불가 항목은 다음과 같다.

- 운동(보통은 혼자 하는 조깅).
- 아침에 마시는 커피 한잔.
- 주중에 글을 쓰는 시간.

눈치챘을지 모르겠지만, 이 타협 불가 항목 중 어디에도 '다른 사람'은 포함되어 있지 않다. 타협 불가 항목에 다른 사람을 포함하는 것 자체는 문제가 되지 않지만, 타인에게 너무 의존해서는 안 된다는 사실만 조심하자.

내 주위에는 자신의 타협 불가 항목에 가족과 친구를 넣는 사람들이 많다. 하지만 내 리스트에는 아이들이나 남편이 포함되어 있지 않은데, 그렇다고 그게 내가 가족과 보내는 시간을 좋아하지 않는다는 뜻은 아니다. 타협 불가 항목은 반드시 온전히 당신만을 위한 것이어야 한다. 당신을 위한 항목들을 우위에 두는 것은 전혀 이기적인 행동이 아니다.

당신의 타협 불가 항목들 중 적어도 세 가지는 정기적으로 실현되어야 한다. 그것들이 실현되지 못할 타당한 이유는 있을 수 없다.

타협 불가 항목 역시 당신의 선택이니, 반드시 실천할 수 있는 것을 선택하자. 어쩌면 그 선택을 우선함으로써 가족의 일이나 교회 일에 시간을 내달라는 요청을 거절해야 할 수도 있다. 타협 불가 항목에 시간을 내기가 마땅치 않다면, 자궁경부암 검사 예약 날짜와 같이 아주 중요한 약속처럼 그 항목을 당신의 스케줄 표에 포함시키자. 물론 타협 불가 항목은 자궁경부암 검사보다는 훨씬 재밌는 일임이 분명할 테지만.

목록을 채우는 항목들은 시간이 지나면서 바뀌기도 한다. 심지어 매주 바뀌기도 하는데 그렇다고 항목의 중요성이 덜 해지는 건 아니니 거기에 큰 의미를 둘 필요는 없다.

무엇보다 중요한 건 타협 불가를 '실천'하는 일이니까.

14

입은 잠그고
귀는 열어라

방금 '뭐라고요?'라고 또 말하지
않았나?

인간의 두뇌는 정말이지 지나치게 똑똑한 것 같다.

대화 중에 상대방의 이야기를 절대 집중해서 듣지 않는 사람들
이 있다. 물론 당신이 그렇다는 말을 하려는 건 아니다. 하지만 이
게 당신의 이야기라면, 친구들이 모두 당신을 피한 이유가 그것일
지도 모른다. 이렇게 이야기를 시작한 이유는 사람이라면 누구나
다른 사람에게 아주 크고 중요한 것을 기대한다는 이야기를 하고
싶었기 때문이다. 나를 봐줄 것, 내 말을 들어줄 것.

사실 내게는 이런 상황이 남 일 같지 않다. 과거에 말싸움의 여

왕이었기 때문이다. 그뿐인가, 말싸움을 하는 중에는 다른 사람이 뭐라고 하든 듣지 않았다. 내가 옳아야 했고, 이겨야 했고, 가장 위트 있는 말을 하는 것도, 가장 냉소적인 비판을 하는 것도 나여야 했기 때문에 상대방이 무슨 말을 하는지 귀 기울일 시간이 없었다.

나 같은 사람이 한둘은 더 있을 거라는 가정 하에 지금부터는 효과적이고 건강한 대화법에 대해 이야기하려 한다. 그리고 그런 대화는 '진짜로 듣고 있는가'에서 시작된다.

뻔한 말로 당신을 가르치려는 것이 아니다. 우리가 살고 있는, 모든 게 빠르게 돌아가는 이 세상에서는 모든 것이 경쟁이다. 하지만 사람 사이의 유대, 의사소통, 대화는 경쟁이어서는 안 된다.

지난 수 년 동안 배운 게 있는데 그건 '상대방에 대한 당신의 진심 어린 사랑을 보여주고 싶다면, 그들이 하는 말을 정말로 중요하게 생각한다면, 그 사람의 말에 전적으로 집중하고 일단은 '들어야' 한다는 것'이다. 팁을 한 가지 더 주자면 대답하기 전에도 잠깐 뜸을 들이는 게 좋다.

귀를 기울인다는 것은 당신이 상대를 존중한다는 것 외에도 그 관계를 소중히 여긴다는 것을 의미한다. 당신이 사랑하고 아끼는 사람의 말에 온전히 귀 기울이지 않았을 때 놓치게 될 것들을 생각하며 다음 듣기법을 순서대로 따라가자.

1. 대화를 하는 도중에 당신이 자꾸만 딴 생각을 하고 있다는 것을

느낀다면, 즉시 생각을 되돌려라.

2. 상대방이 동의할 수 없는 말을 했을 때 아직 상대방의 이야기 혹은 호통이 끝나기도 전에 반박할 말부터 머릿속에 떠올리기 시작하는가? 그렇다면 당장 멈춰라.

상대방의 주장이 지금까지 들었던 이야기 중 가장 바보 같은 이야기라는 생각이 들어도 잠시만 멈추고 그 사람의 말을 끝까지 듣자. 대신 말이 끝나면, 1~2초 동안 그 사람이 했던 말을 다시 떠올려보라. 만일 그의 말을 듣지 않았다면, 다시 말해달라고 부탁하자. 다시 말하지만 정말 바보 같은 이야기였어도 마찬가지다. 그게 어려운 일인 건 나도 잘 안다. 그러니 계속 연습해보자.

3. 다음 단계는 '반영적 경청' 연습이다. 반영적 경청은 이렇게 이루어진다. 누군가 당신에게 어떤 것에 대해 이야기한다. 상대가 말을 마치고 나면, 당신이 들은 이야기를 상대에게 말해준다. 단어를 토씨 하나 틀리지 않고 그대로 반복하라는 것이 아니다. 그건 상대를 그냥 화나게 만들 수 있다. 대신 당신이 이해한 대로 그의 말을 반복하면 된다. 이를테면 "그러니까 네 말을 정리해보면, 네가 나에게 화가 난 이유는…"

상대방이 한 말의 뜻을 제대로 이해하면서 듣지 않으면, 다투는 동안 서로가 뱉은 의미 없는 단어들이 허공에 배출될 뿐이다. 알다시피 더 이상의 공해는 필요 없지 않은가? 상대의 이야기를 경청하는 것은 당신의 사랑과 관심을 표현하는 좋은 방법이다. 게다가 우리는 모두 상대가 내 이야기를 잘 들어주었으면 하고 바란다.

마지막으로 상대가 진심으로 원하는 게 뭔지 물어보자. 우리 중 대다수는 같은 이유로 언쟁을 반복하는데, 그러는 와중에도 자신이 진짜로 원하는 게 무엇인지 알지 못하는 경우가 많다. 우리가 언쟁을 반복하는 이유는 상대에게 원하는 게 무엇인지 묻지 않기 때문이다. 따라서 그게 무엇인지는 영영 알지 못한 채 우리의 논쟁은 그저 변죽만 울리게 되는 것이다.

다음번엔 내가 원하는 것이 무엇인지 자문하고, 그걸 상대방에게 분명히 설명하도록 하자. 가끔 연인과 의견 충돌이 있을 때 사실 내가 원하던 건 상대가 나를 좀 도와주고 한 번 따뜻하게 안아줬으면 하는 것인데도 그저 그 사람을 비난하거나 나를 납득시키려고 애를 쓸 때가 있다. 하지만 이런 행동은 자신이 옳아야 한다는 생각에 빠져 요점을 벗어나게 만들며, 결국 당신 자신이 원하는 걸 요구하지 못하게 된다. 요약하면 다음과 같다.

- 다음에 무슨 말을 할지 결정하기 전에 잠시 생각을 멈추고 상대의 말을 제대로 듣자.
- 상대방의 말을 당신이 이해한 대로 정리해서 말해보자.
- 당신이 원하는 바가 무엇인지 명확하고 정중하게 요구하자.
- 끝내주게 당당한 태도를 유지하는 걸 잊지 말자.

15

가장
재미있는 것 찾기

신나게 논다는 말을 보면 어떤 생각이 드는가? 논다는 게 무언가 유치하고 책임감 없는 행동처럼 느껴지는가? 아니면 놀기엔 지금 너무 바쁜가?

'진짜로 시간이 없어요. 내가 놀면 그건 정말 이기적인 행동이 된다고요. 할 일이 얼마나 많은데.'

당신의 인생엔 놀 만한 여유가 눈곱만큼도 없는가? 웃음이 정말 도움이 된대도?

다음 사항에 해당된다면 당신은 지금 인생에 배꼽 빠지게 웃을 일과 의자에서 엉덩이를 뗄 용기, 그리고 즐거움이 더 많이 필요하다는 이야기다.

- 눈앞의 일밖에 안 보이고 '해야 할 일 목록'이 현재 당신의 존재 이유로 느껴진다.
- 어떤 일이 정말 큰일처럼 느껴졌는데, 잠자코 앉아 생각해보니 실제로는 중요한 일이 아니다.
- '아 좀 더 재밌게 살고 싶은데'라는 생각밖에 떠오르지 않는다.

깊은 절망이나 슬픔에 빠져 있을 때 배꼽 빠지는 유튜브 비디오를 보라거나 처한 상황에 대해 농담을 하라는 얘기가 절대 아니다. 그런 시기에는 오히려 본인의 감정에 대해 진지하게 생각해야 한다.

재미라는 게 사람을 얼마나 건강하게, 아름답게 하는지 등에 대해 굳이 과학적 통계를 들이대지 않아도 알 것이라고 생각한다. 또한 재미있게 놀 때 당신이 얼마나 더 행복하고 자유로운지 이미 당신도 알고 있다는 데 돈도 걸 수 있다.

당신이 세상에서 제일 진지한, 심지어 내향적이기까지 한 투자은행가이든, 변비 걸릴 만큼 오랜 시간 앉아 있는 도서관 사서이든 마찬가지다(사서 분들께 악의는 없다). 재미를 추구하고자 하는 본능은 누구에게나 있다. 당신에게도 말이다.

인생을 살다 보면, 특히 자기 발전을 추구하다 보면 때로는 모든 일이 심각하고 진지해질 때가 있다. 또한 큰일을 겪으며 인생의 교훈을 얻게 되는 순간들은 종종 당신을 울게도 한다는 걸 나도 잘 알고 있다. 그 시간 동안 인생과 자기 자신에 대한 생각이 한꺼번에 몰려와 갑자기 모든 일이 심각해 보이기도 한다.

하지만 심각한 문제와 잔뜩 쌓인 일에 온 신경을 쏟다가 제풀에 지치지 않도록 하자. 조금은 웃어버려도 좋다. 재미있게 놀다 보면, 문제로부터 한 발 떨어져 생각할 수 있게 되고 그러다가 그 문제에 대한 색다른 시각을 얻게 되기도 한다. 놀이는 인생의 즐거움이 무엇인지 기억하게 해준다. 무엇을 하고 놀든, 5분이든 5시간이든 재미있는 시간을 보내자.

그리고 '나는 무엇을 할 때 재미를 느끼는가?'를 물어보자.

사람마다 재미를 느끼는 일이 아주 다양하므로 재미있는 놀이의 목록을 내가 제시하지는 않겠다. 당신에게 재미있는 놀이가 무엇인지 솔직해지되 어떤 놀이에 대해 '억지로' 재미있는 척하지 않으면 된다. 당신의 놀이는 남이 아니라 당신에게 재미있어야 하니까.

어떤 사람들은 무언가에 파고들어 연습하고 정말 잘하게 되면 그때야 비로소 그것을 재미있는 놀이라고 느끼게 된다. 반면 어떤 사람들은 시작부터 재미를 느끼다가 익숙하게 됐을 때 즈음 흥미를 잃고 재미마저 잃기도 한다. 하지만 그 둘 중 어느 것이 옳고 어느 것이 틀리다고 할 수는 없다. 중요한 건 당신이 재밌는 일을 찾아 더없이 신나게 즐기는 것이다!

16

우정을 끝내는
두 가지 방법

여러분, 당신의 가장 친한 친구 다섯 명은 누구인가?

다섯 명의 이름을 종이에 적고, 그중 당신과 서로 헌신적인 관계인 친구 이름 옆에 별 모양을 그려보자.

여기서 별 모양을 받을 친구는 서로 존중하고 응원하며, 당신에게 중요한 모든 일을 함께 나누는 그런 친구다.

나와 가장 친한 친구 (★)

1. _____ ( )

2. _____ ( )

3. _____ ( )

4. _____ ( )

5. _____ ( )

그래, '제인이 내 가장 친한 친구고, 캔디스는 두 번째로 친한 친구고…' 이런 식으로 순위를 매기라는 뜻이 맞다. 뭐 걱정 마시라. 친구들이 자신의 등수를 알 필요는 없지 않은가?

이제 목록에서 별을 받지 못한 친구들을 살펴보자. 그들은 누구이며 그들이 당신의 친한 친구 목록에 있는 이유는 무엇인가?

다양한 이유가 있을 수 있다. 그 친구와는 1학년 때부터 같은 반이었고, 그래서 그 친구를 빼놓으면 괜히 찝찝한 기분이 들어서? 그 친구가 당신의 힘든 시기를 모두 곁에서 지켜보았기 때문에 그 친구 곁에 남아 있어야만 한다는 '빚진 기분'이 들어서?

첫 번째 경우, 당신은 더 이상 고무줄 놀이를 하지 않고 1992년에 입었던 옷도 입지 않는다. 그런데 어째서 당신의 우정만 그 자리에 머물러 있는 것인가? 아마 당신 친구 역시 당신처럼 둘 중 하나는 용기를 내서 그 관계에서 벗어나야 한다는 생각을 하고 있을지 모른다.

두 번째 경우, 당신이 힘들 때 그 사람이 당신 곁에 있어주었다 해도 실제로 당신은 아무것도 '빚지지' 않았다. 좋은 친구가 되어 준 것에 감사를 표했다면, 그것으로 충분하다.

예를 들어 당신에게 오래되고 낡아 자꾸만 고장이 나는 차가 한 대 있다고 치자. 심지어 당신에게는 새 차를 살 수 있는 여윳돈도 있다. 하지만 그 차는 지난 15년 동안 당신과 함께 하며 아주 많은 일들을 같이 겪어왔다. 그래서 정 때문에 당신은 그 차를 계속 타고 있다. 게다가 차를 새로 사는 과정도 만만치 않으니까. 하지만 낡아빠진 그 차 때문에 갓길에 수도 없이 멈췄다면 이제 새로운 차로 갈아타는 게 현명한 일 아닌가?

우정도 마찬가지다. 언제나 당신을 끌어내리기 일쑤인 그 친구와 여전히 구두 쇼핑을 하고 카페라테를 마시러 다니는 이유가 무엇인가? 그 우정에 더 이상의 시간과 에너지를 쏟아부을 이유는 전혀 없다.

인생의 마지막 날에 과거 기억들을 꺼내 볼 수 있다면, '2003년부터 2017년까지 오래전 만료된 우정에 끌려 다니며 2458시간을 낭비하다'라는 목록은 보고 싶지 않을 것이다. 제일 후회스러운 시간들일 테니 말이다.

당신에게는 그들을 책임질 의무가 없다. 그들의 기분을 상하게 하는 게 두려워 곁에 머무르는 것 역시 당신이 할 일은 아니다. 그 친구 역시 집에 앉아 같은 생각을 하며, 당신의 기분을 상하게 하기 싫어 친구로 남아 있을지 누가 알겠는가?

기분을 상하게 하기 싫어
만료된 우정을 책임질 의무는 없다.
무엇보다 상대도 같은 생각일 수 있다.

우정이 끝났는지 아닌지는 직감으로 알 수 있다. 왜냐하면 사람은 진화하고, 변하고, 인생이 지속되는 동안 성장하기 때문이다. 어떤 이는 결혼생활을 시작하고, 일부는 끝나기도 하며, 아이가 태어나기도 하고, 이직도 하게 된다. 사람이 변하면 어떤 우정은 그 변화를 견뎌내지 못하는데, 그 관계의 당사자 중 누구 하나가 나빠서 그런 일이 일어나는 것은 아니다.

끝나버린 우정에 대해서도 둘 중 하나가 '잘못한 사람', '나쁜 쪽' 역할을 맡을 이유가 없다. 누가 더 잘했는지 잘못했는지를 판가름할 이유도 없다. 그저 우정이 끝난 것일 뿐, 그게 다른 무언가를 의미할 필요는 없다.

다만 그 우정이 끝남으로써 둘 다 더 나은 사람이 될 수 있다는 사실이 가장 좋은 점이라면 좋은 점이다. 그 우정은 주어진 시간 동안 주어진 목적대로 쓰였고, 이제는 그 쓰임이 다했을 뿐이다.

우정을 끝냄으로써 두 사람은 성장할 여력을 더 많이 갖게 되었고, 그 우정에 쏟던 에너지를 다른 무언가, 혹은 다른 누군가에게 쏟을 수 있게 되었다.

이제 '대체 우정을 끝내려면 어떻게 해야 하는지'가 궁금할 것이다. 우정을 끝내는 일은 연인과 헤어지는 일만큼이나 힘들 수 있다. 무척 슬프고 마음이 불편하다면 그건 당신이 정상적인 인간이라는 뜻이다. 우정을 끝내는 데는 두 가지 방법이 있다.

1. 첫 번째 방법은 서로의 관계에 대해 어른스러운 대화를 나누는 것이다. 하지만 이미 우정에 금이 갔거나 우정이 약해졌다면 대화가 제대로 이어지지 않을 수도 있다(극단적으로는 페이스북에 비난과 모함이 올라올 가능성에 대비해야 할지도 모른다).

   만약 그런 상황이라면, 당신의 우정이 왜 끝나야 하는지를 당신이 받는 고통만큼이나 명확하게 보게 될 것이다. 감정을 가능한 있는 그대로 전달할 수 있도록 서로 얼굴을 보고 얘기 나누는 것이 최선의 방법이지만 이메일도 괜찮다. 어떤 방식이든 친구를 비난하는 것은 피하고 사랑과 연민의 마음을 가지고 대화에 최선을 다하자.

2. 두 번째 방법은 그 우정이 스스로 천천히 소멸하도록 놓아두는 것이다. 더 이상 그 친구와 만남을 계획하거나 관계를 억지로 이

어가지 말자. 그 관계는 결국 스스로 끝나게 될 것이다. 당신의 친구가 당신이 왜 더 이상 자신을 만나지 않는지 물어볼 수도, 그렇지 않을 수도 있다. 하지만 만일 묻는다면 사실대로 이야기하도록 하라.

핵심 당신에게는 여러 가지 선택지가 있겠지만, 그중 스스로가 자랑스러울 결정을 내리도록 하자. 선택한 상황에 대해 당당할 수 있다면 그것이 당신을 위한 최선의 선택이었다는 뜻이다.

정신적으로 당신을 채워주거나, 힘이 되어주거나, 영감을 주지도 않고, 당신을 더 나은 사람으로 만들어주지도 않는 우정 또는 어떠한 관계라도 당신이 감내해야 할 이유는 전혀 없다. 지나치게 오랜 기간 유지되었지만 당신을 채워주지 않는 우정은 당신의 인생에서 이만 작별해야 할 골동품이다.

17

당신이 이 세상에 온
진짜 이유

그동안 얼마나 많은 여성들이 자신의 열정과 목표, 인생을 사는 이유가 무엇인지 모르겠다고 털어놓았는지 셀 수 없을 정도다. 누가 그들을 욕할 수 있을까? 나의 '인생의 사명'이 무엇인지 알게 되다니, 생각만 해도 겁나지 않는가! (좋아, 이대로만 하면 여성들에게 더 부담을 줄 수 있겠군.)

농담은 잠시 치우고, 이 주제를 더 들여다보도록 하겠다. 난 항상 열일곱, 열여덟 살의 아이들에게 대학 전공을 선택하도록 하는 시스템은 말이 안 된다고 생각해왔다. 앞으로 평생 어떤 일을 하며 살고 싶은지를 결정하라는 것 아닌가!

열일곱 살에 나는 멋진 보디슈트와 거기에 어울리는 곱창 머리

끈을 고르는 일을 제일 좋아했다. 내 시야에 들어오는 일은 그 정도였다. 앞으로 어떤 것을 공부하고 싶은지, 그 뒤로는 어떤 직업을 가지고 싶은지는 관심도 없었다. 그래서 이미 자신이 원하는 바를 알고 있던 친구들이 부러웠고, 나는 그렇지 못하다는 사실에 우울했다. 내가 보기에 나는 문제아인 데다가 남들과 다른 괴짜인 게 분명했다.

20년이 쏜살같이 지났고, 그동안 직업이 다섯 번이나 바뀌었다. 사람들은 내게 "천직을 찾다니 얼마나 멋진 일인가요!"라고 말하곤 한다. 솔직히 말하면 이런 '칭찬'은 나를 혼란스럽게 한다. 내가 영원히 이 일을 하게 될까? 이게 내 삶의 유일한 사명일까? 그럴 거라고 생각은 하지만… 그렇다 해도 이것이 내가 지구에 오게 된 유일한 이유일까? 만일 내가 잘못 짚은 거면 어떻게 하나? 그럼 정말 무서운 일이지 않은가?!

그런데 나는 나뿐만 아니라 다른 사람들도 이런 고민을 한다는 것을 알게 되었다. 인생의 목표에 대해 사람들은 종종 이런 걱정들을 한다.

1. 내가 선택한 목표가 '충분히 멋지지' 않은 것 같다.
2. 한 번 선택한 목표는 죽을 때까지 바꿀 수 없는 것일까.
3. 이것이 내 삶의 '진정한' 목적이 아니면 어쩌나.

솔직히 말하면 위의 걱정들은 쓸데없는 걱정에 불과하다.

각각의 시나리오를 하나씩 들여다보자. 먼저 나는 자신의 인생 목표가 남들의 것만큼 멋지지 않은 것 같아 혼란스러워하는 사람들을 보면 마음이 불편해진다. 그들은 자신의 목표가 남들의 목표보다 덜 중요한 건 아닌지, 자신의 어딘가가 부족한 건 아닌지 걱정한다. 베스트셀러 작가가 아니라거나 전 세계를 돌며 고아들을 돕지 않는다고 해서 당신이 부족한 사람이 되는 것은 절대 아니고, 당신이 덜 중요한 사람이 되는 것은 더더욱 아니다.

인생이라는 여정에서 나 자신과 세상에 대해 깨닫고, 좋은 사람이 되기 위해 노력하고, 다른 사람들에게 친절과 도움을 베푸는 것 역시 인생 목표일 수 있다. 그것으로 충분하지 않은가? 99년, 어쩌면 그 이상 이어질 당신의 평생 동안 이 세 가지를 실천하는 것이 당신이 사는 이유일지도 모른다.

두 번째로 나는 대다수 사람들이 한 가지 이상의 존재 목표를 가지고 있다고 믿는다. 그건 문제될 일이 아니다. 그런데 많은 여성들의 경우, 몇 년마다 마음을 바꾸는 것을 민망하게 생각한다. 끈기가 없고 변덕이 심한 사람처럼 비칠까 봐 걱정하는 것이다.

그런데 이렇게 생각하면 어떨까. 인터넷에서 옷을 구매했는데 실제로 입어보니 마음에 들지 않았던 일이 몇 번 있었는가? 반품 양식에는 '원하던 색상이 아님, 사이즈가 맞지 않음, 사진과 동일하지 않음, 단순 변심' 등에 표시할 수 있는 선택지가 주어진다. 당신의 선택은 큰일이 아니다. 그냥 선택지에 체크를 하는 것일 뿐이니까.

> **핵심** 지금 하는 일에서 마음이 바뀌었다면, 잠시 쉬어가자. 개인적으로는 결정을 바꾸고 싶다는 사실을 인정하고 변화를 실행에 옮기는 것이 열정 없는 삶을 살면서 고통받는 일보다 용감한 행동이라고 생각한다.

마지막으로 우리 중 누군가는 특정 직업이나 경력을 기반으로 한 목표를 일평생 찾지 못할 수도 있다. 만일 그것 때문에 스트레스를 받는다면 일단 진정하자. 그렇다고 당신이 덜 중요한 사람이 되는 것은 아니다. 사명을 찾지 못했다고 해서 당신이 실패한 사람이 되는 것도 아니다. 단지 당신의 인생 목표가 당신의 직업과는 관련이 없을 수도 있다는 뜻일 뿐이다. 걱정하지 말자.

**당신이 누구이든, 당신이 어떤 사람이든,
그 자체로 충분히 삶의 목표가 될 수 있다.**

인생의 목표를 찾는 일을 어디서부터 시작해야 할지조차 모르겠다면, 스스로에게 다음과 같이 물어보자.

난 뭘 할 때 행복하지?

일단 시작하면 시간 가는 줄 모르는 그런 일, 당신이 꿈꾸는 완벽한 세상에서라면 생업으로도 삼을 수 있을 그런 일 말이다(덧붙이자면 완벽하지 않은 지금 이 세상에서도 그게 가능할 수 있다. 그냥 말해주고 싶었다). 관련된 글이라면 모두 읽고 싶고, 연구하고 싶고, 모든 것을 알고 싶은 그런 일이 있는가?

어쩌면 그 일은 당신이 어린 시절 즐겨 하다가 무슨 이유로 한동안은 하지 않게 된 일일 수도 있다. 나는 어렸을 때부터 글을 쓰기 시작했고, 10대일 때도 손에서 글을 놓은 적은 없었다. 하지만 20대에 들어서서 글쓰기를 중단했다. 30대 초반에 이르러 다시 글을 쓰기 시작했는데 그때까지 난 내가 얼마나 글 쓰는 일을 그리워했는지 몰랐다. 마치 댐의 수문이 열린 것 같았다. 그래서 그때부터 닥치는 대로 글을 쓰기 시작했다. 조금 바보 같게 느껴지더라도 이렇게 어린 시절 즐겨했던 일들과 연관 지어 생각해보라.

그게 아니라면 당신의 사명은 어떤 '일'이 아니라 메시지일 수도 있다. 잠시 상상해보자. 당신은 지금 텅 빈 무대 위에 서 있고 당신 앞에는 수많은 청중이 앉아 있다. 그 순간 난데없이 청중을 상대로 당신이 30초짜리 연설을 한다는 발표가 들려온다. 이제 당신에게 마음속에 담아두었던 말을 발표할 수 있는 시간이 30초간 주어졌다. 당신은 어떤 이야기를 들려줄 텐가?

사람들은 종종 자신에게 고통과 상처를 줬던 바로 그 일에 사명감을 느끼고 열정을 가지곤 한다. 고난의 시간은 당신이 자아를 형성하고 더욱 강한 사람으로 성장할 수 있는 결정적인 시간이 된다. 과거에 당신이 겪었던 어려움을 지금 겪고 있는 사람을 도울 수 있다면 어떨까? 특정한 환경이나 상황에 대한 대중의 의식을 높이는 선구자가 되는 건 어떨까? 이런 기회들은 생각보다 자주, 바로 우리 눈앞에 놓이곤 한다.

오늘이나 다음 달, 혹은 10년이 지난 어느 날 마침내 삶의 열정 또는 목표를 발견했다면, 당신에겐 그때가 딱 적당한 타이밍이어서란 사실을 기억하라. 그 타이밍과 과정은 당신이 목표를 이루는 데 꼭 필요한 당신만의 레시피가 되어줄 것이다.

PART 02

나를 사랑한 순간부터
인생은
HIGH WAY!

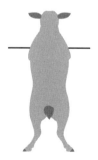

18

자존감, 자신감?
지금은 '자기애'가 대세

당신의 주위에도 나타나자마자 첫
눈에 반하게 되는 그런 사람이 있는가? 꼭 매력이 넘치는 것도 아니
고 돈을 뿌리고 다니는 것도 아닌데 말이다. 사실 그 사람에게는 다
른 사람들을 끌어들이는 '뭔가'가 있다. 무엇이 그 사람을 그토록 매
력 넘치는 존재로 만드는지 알 수만 있다면 아마 당신은 당장에 오
른팔이라도 바치고 싶을 것이다. 그 사람은 예쁘지도, 카리스마 넘치
지도 않은데 마치 자석처럼 남을 끌어당기는 신기한 힘이 있다.

대체 그 비밀이 뭔지 고민하며 수많은 밤을 지새울 당신을 위해
내가 그 답을 말해주겠다.

진실 그 사람은 자신을 사랑한다. 끝.

자신감은 스스로에 대한 믿음에서 나오고, 자존감은 자신의 가치에 대한 믿음에서 비롯한다.

그리고 자기애는 자신감과 자존감을 한데 묶은 것 이상의 힘을 가진다. 마치 당신의 영혼을 위한 완벽한 축제의 향연이랄까.

한편으로 자기애는 대단히 미스터리하고 설명하기 어려운 것이기도 하다. 어떤 여성에게 그녀의 생리 주기가 어떤지, 혹은 어떤 커피를 좋아하는지를 물어보라. 그럼 아주 자세한 답을 듣게 될 것이다. 하지만 그녀에게 자기애에 대한 질문을 던지면 아마도 대답 대신 당황한 듯한 시선이 돌아올 것이다.

자신에게 자기애가 있는지 확신이 들지 않는다면, 간단한 퀴즈에 답해보자.

1. 스스로가 멋진 사람이라고 생각하는가?
2. 자신을 조건 없이 사랑하는가? 혹시 당신의 체중, 연봉, 타인과의 관계가 자기애를 위한 조건으로 따라붙지는 않는가?
3. 어떤 목표를 좇을 때 자신이 그 목표를 손에 쥘 자격이 있는 사람이라고 굳게 믿는가?

만일 위의 세 가지 질문 중 어느 하나라도 '아니요'라고 대답했다면, 노력해야 할 일이 좀 많을 것이다.

그렇다면 자기애란 뭘까? 간단히 말하자면 불완전한 나 자신을 있는 그대로 인정하는 것이다. 자기애의 개념을 정리해보자.

- 과거에 실수를 저지른 나 자신을 용서하고 과거를 잊는 것.
- 타인을 용서하는 것.
- 처한 상황에 상관없이, 현재 겪고 있는 고통의 크기와 상관없이, 당신의 모습과 수중에 가진 돈과 상관없이 스스로를 사랑하는 것.
- 내면의 비관주의자가 꾸며낸 이야기를 믿지 않는 것.

나는 자기애가 인간이 가진 최고의 능력이라고 생각한다. 하지만 우리가 살고 있는 문화는 자기애의 개념을 제대로 이해하지 못하고 있다. 자기애는 자만심이나 나르시시즘, 자기중심주의, 허영심과 동일한 개념이 아니다. 만약 자기애가 이것들과 동일한 개념이라고 생각해왔다면, 머릿속에서 깨끗이 지워버리고 자기애의 정의를 새로 새기길 바란다. 이를 위한 첫 번째 단계는 당신의 주위에서 어떤 일이 일어나고 있든 상관없이 지금 이 순간 당신의 모습을 있는 그대로 인정하는 데서 시작된다. 과거에 무슨 일을 겪었든지 말이다.

자, 쇠뿔도 단김에 빼라고 했다. 지금 당장 나 자신을 사랑하겠다고 결심하자. 속으로 말하고, 소리 내어 다시 한 번 말해보자. 처음에는 조금 불편할 수도 있다. 하지만 기억하자. 싸워서 얻을 가치가 있는 것들은 그것을 얻게 되기까지 한동안은 당신을 불편하게 하기 마련이다. 그리고 당신 역시 싸워 얻을 만한, 가치 있는 사람임이 틀림없다.

혹시 '정말 그렇게 간단할까? 결정만 내리면 되는 거야?'라고 생각하고 있는가?

솔직히 말하자면 그 말은 맞기도 하고 틀리기도 하다.

어느 순간 두 팔을 벌리고 데이지 꽃이 활짝 핀 들판을 달리는, 그런 마법 같은 일은 일어나지 않는다. 기억하자. 당신의 생각은 당신의 기분을 결정하고, 결국 당신의 현실까지 결정한다. 그러니 당신에게 최고의 인생을 선사할 최선의 생각들을 선택하는 게 어떨까? 머릿속에 자리 잡은 두려운 생각들이 아니라, 마음속 사랑을 담당하는 곳에 살고 있는 긍정적인 생각을 선택하는 것이다.

자기애의 훌륭한 점은 또 있다. 스스로를 사랑할 때, 좋은 사람들이 당신에게 끌려 당신과 인생을 함께할 것이다. 자기애는 자석 에너지와 같아서 눈에는 보이지 않지만, 자기애가 높은 당신에게서 사람들은 뭔지 모를 좋은 느낌을 받는다. 그리고 좋은 생각, 좋은 에너지를 가진 사람들 역시 당신에게 이끌려 당신 곁에 있고 싶어 한다.

이제 스스로의 가장 열성적인 팬, 심지어 전설로 남을 팬이 될 시간이다. 하지만 당신이 <u>스스로</u>를 얼마나 멋진 사람이라고 생각하는지 공개적으로 발표하거나 증명 판을 만들어 자랑할 필요는 없다. 처음에는 그 생각을 자신만의 작은 비밀로 만든다. <u>스스로</u>를 사랑하겠다는 결심이 서면, 다음과 같은 행동을 취할 수 있다.

- 자기 삶에 책임을 진다. 자신의 불행이나 공허함에 대해 타인과 상황을 탓하게 될 때마다 '내가 그러고 있구나'를 인식하려고 노력한다. 누군가를 용서해야 한다면 용서하도록 하자. 지나간 일은 놓아주자.
- 과거에 잘못을 저지른 자신을 용서한다. 당신은 더 이상 과거에 살고 있지 않다. 그런데 어째서 여전히 과거의 자신을 비난하고, 그 기억이 당신의 자기애와 가치를 억압하도록 내버려 두는가?
- 이야기의 주인공이 되어 그 이야기 속 자신을 사랑하자.
- 당신을 위한 건강한 한계를 세운다. 해로운 사람들이나 상황을 더 이상 참아내지 말자(다시 말하지만 똥 무더기이므로).
- 마음이 원하는 것을 따른다. 물론 두려울 것이다. 그래도 하는 거다.
- 당신이 원하는 것이 무엇이든, 당신은 그걸 얻을 자격이 있다.
- 자신의 신체적, 정신적, 감정적 안녕에 신경 쓴다. 병원에 가거나, 심리 상담사와 상담하자. 사람들이 당신을 도울 수 있도록 하라.
- 칭찬과 찬사를 받아들인다. 그건 당신에게 주어진 선물이다. 그

친절의 말들을 대단치 않게 생각하거나 부인하는 대신 감사하다고 말하자.

이 책을 읽다 보면 위의 이야기들 중 많은 부분을 다시 만나게 될 것이다. 왜냐하면 스스로를 사랑하는 일은 나답게 걸어가는 인생의 첫 번째 단계이기 때문이다. 스스로를 사랑하지 않으면 스스로를 존중하기도, 신뢰하기도 어려울뿐더러 당신이 얼마나 가치 있는 사람인지를 깨닫는 것도 어렵다. 하물며 목표를 좇는 일, 좋은 의도를 품는 일, 당신의 운명으로 한걸음 들어서는 일은 얼마나 어려울까?

그래, 당신의 운명 말이다. 나는 그저 좋은 일이 생기기를 하염없이 바라기만 하는 인생은 당신의 운명이 아니라는 걸 알고 있다. 당신의 운명은 그저 행운만을 바라면서 '그런 사람들'이나 꿈을 이루고 산다고 믿는 것이 아니다. '그런 사람들'의 공통점이 무엇인지 아는가? 그들은 모두 자기 자신을 사랑한다는 것이다.

행운이 아니라 '사랑'이 그들의 꿈을 이루게 한다.

19

세상에 '살찐 기분' 같은 건 없다

이번엔 '팻 토크fat talk'에 대한 이야기다. 우리는 혼자 또는 다른 사람들, 주로 여성들과 함께 팻 토크를 나눈다. 다음 중 익숙하게 들리는 말이 있는가?

- 너 오늘 예쁘다! 살 빠졌니?
- 나 살쪄서 이거 못 입어.
- 이렇게 많이 먹다니 나 미쳤나 봐.
- 저 몸매에 저런 옷을 입으면 안 되지.
- 오늘 스트레스 받아서 피자 먹었어.
- 10킬로그램은 빼야 그 옷이 나한테 맞겠다.

이게 바로 '팻 토크'다. 대부분의 여성들 그리고 남성들도 한 번쯤 팻 토크를 나눈 경험이 있을 것이다. 이제는 이런 종류의 대화가 대단히 일상화되고 편해져서 다른 사람이 팻 토크를 할 때에는 물론 내가 팻 토크를 할 때에도 그 사실을 인지조차 하지 못한다. 앞으로는 팻 토크를 하거나 듣게 됐을 때 그걸 인지해주자.

더 슬픈 건, 그 생각이 우리 몸에 대한 표현에서 그치는 게 아니라는 점이다. 이런 생각을 하다 보면, 나도 모르게 내 몸이 가진 '문제'를 '고치기' 위해 다음 주부터 시작할 정신 나간 계획표를 만들게 된다. 그리고 그 목록에는 다음과 같은 것들이 단골로 포함된다. 운동 다시 시작하기. 하루에 섭취하는 칼로리의 양을 ×만큼으로 줄이기. 몸매 보정 속옷 사기. 칼로리 계산 앱 다운로드하기. 매일 아침 체중 재기 등등.

팻 토크가 우리에게 어떤 영향을 끼치는지 잠시만 생각해보자. 팻 토크를 하면 더 행복해지는가? 살을 빼는 데 도움이 되는가? 팻 토크는 관계나 우정을 더 강하고 진하게 만들어주는가?

아니, 이 대화는 우리를 파괴할 뿐이다.

팻 토크는 우리의 영혼을 갉아먹다가 결국은 실망만을 남기는 악순환의 고리를 만든다. 그리고 그 고리는 꼬리에 꼬리를 물고 계속 반복된다.

그러니 이제 대화법을 바꾸자. 서로 몸매에 대해 위로하는 데 집착하지도 말고, 아름다움과 체중 감량을 연관 짓지도 말자. '너 오늘 예쁘다. 살 빠졌니?' 대신에, 진부하긴 하지만 듣기 좋은 '정말 예쁘다!'에서 마침표를 찍는 거다.

팻 토크에 꼭 대화 상대가 필요한 것은 아니다. 우리는 종종 나 자신과도 팻 토크를 나눈다. 2011년 〈글래머〉(Glamour, 미국의 패션 잡지-역자 주)는 각기 다른 옷 사이즈를 입는 300명의 젊은 여성들을 대상으로, 하루 동안 자신의 몸매에 대해 부정적이고 걱정스러운 생각이 떠오를 때마다 그것을 모두 기록하도록 요청했다.

연구 결과, 사이즈에 관계없이 여성들은 자신의 몸매에 대해 하루 평균 13건의 부정적인 생각을 하는 것으로 드러났다. 깨어 있는 동안 한 시간마다 한 번꼴로 그런 생각을 하는 셈이다. 무시할 수 없을 정도로 많은 수의 여성들이 하루에도 35회, 50회에 걸쳐 자신의 몸매에 대해 부정적인 생각을 떠올린다고 응답했고, 심지어 매일 자신의 몸매를 증오하게 된다고 고백한 사람도 있었다. 무려 97퍼센트의 응답자가 적어도 하루에 한 번은 '난 내 몸이 싫어'라는 생각을 한다고 인정했다.

그건 정말 비극이다.

'나 살찐 기분이야'라고 생각하거나 말로 뱉은 적이 몇 번이나 있는가? 사실 나 역시 그 말을 셀 수 없이 내뱉었다.

하지만 마지막으로 그 말을 했을 때, 살이 찐 것은 기분이 아니라는 사실을 깨달았다. '살찐 기분' 같은 건 존재하지 않는다는 말이다.

'나 살찐 기분이야'라고 말할 때 느껴지는 다른 기분은 무엇인지, '살찐 기분'의 밑바닥에 깔린 진짜 기분은 무엇인지 스스로에게 물어보자. 불편함인가? 아니면 무기력함? 혼란? 건강하지 않음? 나답지 않음?

이런 것들이야말로 기분이라고 부를 수 있으며, 이러한 기분은 당신의 머릿속에 진행 중인 생각의 뿌리가 된다. 왜냐하면 지금쯤이면 이미 알아챘겠지만, 처한 상황이 아니라 당신이 하는 생각이 당신의 기분을 좌우하기 때문이다.

당장 모든 팻 토크를 피하는 게 쉽지 않다면, 처음에는 얼마나 빈번하게 팻 토크를 듣게 되는지 인지하는 것으로 충분하다. 이 책에서 제시하는 도구와 훈련을 통해 점차 그 대화에서 벗어나 팻 토크에 한 마디 말도 보태지 않도록 하자. 그리고 마지막 단계는 팻 토크와 관련된 생각들을 멈추는 것이다.

팻 토크에서 벗어나는 또 다른 좋은 방법은 외적인 면보다 본질적인 면을 보려고 노력하는 것이다. 비단 당신 자신을 대할 때뿐 아니라 다른 사람들을 대할 때도 마찬가지다. 행동, 재능, 열정, 기술, 독창성 등에 주목하자. 가장 친한 친구에 대한 좋은 점 열 가지를 나열했을 때, 그 친구의 몸무게가 그 목록에 있을 거라고는 절대 생각하지 않는다.

20

내면의 부정주의자
죽이기

당신도, 나도, 그리고 오프라 윈프리(Oprah Winfrey, 미국의 유명한 토크쇼 〈오프라 윈프리 쇼〉의 진행자-역자 주)도 모두 '부정적인 사람'과 함께 살고 있다. 우리 머릿속에 살고 있는 이 목소리는 우리의 외모에 대해, 사람들의 기대에 부합하는 사람이 되는 법에 대해, 우리의 능력에 대해, 혹은 무능력에 대해 이야기한다.

내면의 비관주의자는 다양한 얼굴을 하고 있다. 어떨 땐 '네가 해내기엔 그 중요한 일은 너무 어렵고, 비용이 많이 들고, 너는 너무 늙었어'라는 등의 이야기를 꺼내 기를 죽이고 만다. 결국 이 비관주의자는 당신이 할 변명에 연료를 제공하는 셈이다. 때로는 못된 건달의 모습으로 나타나 당신은 뚱뚱하고 멍청하다고, 사랑받을 자격, 성공할 자격, 원하는 것을 성취할 자격이 없다고 으름장을 놓기도 한다.

이 비관주의자는 고통에 중독된 게 틀림없다. 심지어 당신이 불행한 상황에 있다 해도 당신을 지금 있는 곳에 그대로 묶어두는 것, 변화를 두려워하게 만드는 것, 결정을 내리지 못하고 갈팡질팡하게 하는 데에 중독된 것이다. 당신이 '하지만'이라고 말하는 주된 이유도 바로 이 비관주의자 때문이다.

- '이직을 하고 싶어… 하지만 그러려면 알아봐야 할 게 너무 많잖아.'
- '이 연애가 행복하지 않아… 하지만 아마 이게 내게는 최선이겠지.'

내면에 자리 잡은 비관주의자의 가장 두드러지는 성격은 두려움이다. 무언가를 도전하는 게 두려웠던 때를 떠올려보자. 당신은 새로운 일자리를 찾고 있었거나, 데이트 신청을 하려고 했거나, 새로운 일에 도전하려고 했을 것이다. 당신의 두려움은 마음속 대화로 모습을 드러낸다. 아마 이런 대화가 아닐까?

- '바보 같아 보이면 어떻게 하지?'
- '실패하면 어떻게 하지?'
- '그 일을 하기에는 내가 너무 부족한 사람이지 않을까?'

내게도 비관주의자가 기생하기 때문에 나도 내면의 비관주의자에 대해 아주 잘 안다. 나의 비관주의자는 아주 다양한 방식으로 '인생이란, 최고의 자리를 차지하기 위한 경주야'라고 주장하곤 한다. 또한 뭐든 완벽해야 한다고 말하거나, 나더러 조롱과 부끄러움, 모욕을 무릅쓸래? 하고 겁주기도 한다.

내가 꿈에 대해 생각하면 비관주의자는 나 같은 사람은 절대로 그 꿈을 이룰 수 없다고 주장한다. 나는 시간도 없을 테고, 방법도 모를 테고, 설령 방법을 안다고 해도 제대로 해내지 못할 것이라고 말하기도 한다.

한 마디로, 정말 밥맛 떨어지는 친구다.

어떤 사람들은 비관주의자의 목소리를 자신의 진심이라고 착각한 채, 그 목소리에 수긍하며 평생을 살아간다. 그들은 '내면의 비관주의자'의 존재를 모르고, 게다가 **자신이 그 비관주의자를 통제할 수 있다는 사실도 모르고 산다.**

사실 당신은 비관주의자의 목소리와 진정한 당신의 목소리를 구분해낼 수 있으며, 그렇게 함으로써 인생에 거대한 변화를 불러일으킬 수 있다. 그 둘의 관계를 조절하게 되면 당신은 진정한 자아를 발견할 수 있고, 결국엔 부정적인 장애물이 훨씬 적은 거침없이 멋진 인생이 찾아온다.

내면의 비관주의자를 통제하기 위한 첫 번째 단계는 바로 인정하는 것이다. 비관주의자를 다스리는 일은 편도선을 절제하는 것과는 다르다. 영원히 잘라내 버릴 수 있는 게 아니라는 말이다. 이 목소리는 영원히 당신과 함께할 테지만, 당신은 그 목소리를 잠재우는 방법을 터득할 수 있다.

그 시작은 당신의 생각이 '비관주의자 랜드'에서 길을 잃었을 때 이를 인지하는 것이다. 혹시 지금이 그 순간은 아닌가? 자신의 머릿속에 어떤 말이 오고가는지를 확인하자. 스스로에게 어떤 식으로 이야기하고 있는가?

그다음으로 내면의 비관주의자가 제시하는 가정과 '진실'에 의심을 품어보자. '난 정말 구제 불능이야'라는 생각이 들었을 때, '그게 진짜야?'라고 자문하는 거다. 당신이 구제 불능인 게 의심할 여지없이 100퍼센트 확실한지 스스로에게 물어보자. 사실은 그게 아니라 당신이 비관주의자의 주장에 납득하고 만 것이 아닐까?

당신의 비관주의자는 자신의 말이 진실이라고 믿게 하는 데 선수다. 당신의 머릿속에서 지내온 수년 동안 그 기술을 완벽하게 습득했기 때문이다. 갈팡질팡하느라 머리가 하얘져 아무런 결정도 내릴 수 없다면, 그건 비관주의자의 목소리가 당신을 침체시키고 있다는 명확한 신호이다. 그러니 모든 사안에 대해 '만약에 그게 아니라면'이라는 질문을 던져 더 나은 결정을 내리도록 하자.

머리가 하얘져 아무런 결정도 내릴 수 없다면,
그건 비관주의자의 목소리가
당신을 침체시키고 있다는 명확한 신호이다.

에너지가 아직 남았다면 한 걸음 더 나아가자. 내면의 비관주의자를 보는 관점 역시 당신의 선택으로 바꿀 수 있다. 그 목소리를 불쌍한 눈으로 볼 수 있다면 어떨까? 비관주의자의 진짜 역할은 당신을 보호하고 격려하는 것인데, 그 일을 잘 못하고 있는 것뿐이라고 한다면? 그 비관주의자를 당신이 아끼는 사람으로 가정하면, 아마 그 사람이 안타깝게 느껴질 것이다. 조금 짜증도 날 수 있겠지만 그렇게 느끼는 당신이 나쁜 건 아니다.

신기한 건 당신이 '얘 일 못하네'라는 것을 느끼는 순간 비관주의자는 힘을 잃는다. 진짜 일 잘하는 보호자는 당신의 기분을 그토록 상하게 하지 않는다. 절대로.

물론 연습이 필요하다. 그 누구도 비관주의자를 통제하는 법을 하루아침에 배울 수는 없다. 당신의 비관주의자가 부정적인 생각을 표출할 때마다 그걸 알아채고 그 생각에 의심을 품는 연습을 계속하자. 어느 순간 당신은 목표하던 길 위에 서 있게 될 것이다.

21

체중계를
버려라

우리, 잠시 환상의 세계로 여행을 떠나볼까? 그 세계에는 다이어트 제품이 없다. 지방 흡입술에 대한 광고도, 다이어트 약도, 다이어트 셰이크도 없다. 당신이 음식을 삼키는 횟수를 대신 세주면서 돈을 버는 회사도 없다.

당신의 문제가 무엇이든 날씬한 게 답이라고 생각하게 만드는 잡지나 광고도 없고, 그 누구도 뚱뚱한 것 = 나쁘고 불행한 것, 날씬한 것 = 좋고 행복한 것이라고 말하지 않는다.

그냥 다이어트라는 것 자체가 존재하지 않는 척해보자.

마치 무릉도원 같지 않은가? 유니콘이 무지개 방귀를 뀌는 궁극의 세상 말이다.

받아들이기 어렵겠지만 누군가가 혹은 어떤 기업이 당신의 살을 빼주겠다고 아무리 거창한 약속을 해도, 당신이 더 나은 기분을 느끼고 더 나은 모습을 가지고 싶다고 아무리 간절히 원해도, 지금 자신의 몸매가 아무리 싫어도 할 수 없다.

다이어트란, 헛소리이며 효과는 1도 없다.

미국의 다이어트 업계가 한 해 다이어트 제품 판매 수익으로 쓸어 담는 돈이 약 550억 달러다. 다이어트 업계는 당신의 몸이 '보기에 좋은'지 아니면 '나쁜'지 구분한다. 그들은 당신이 '실패'한다면, 아니 반드시 실패해야만, 그래서 당신이 다시 다이어트를 시작해야만 수익을 남길 수 있다.

다이어트 업계는 진짜 다이어트 비법을 당신과 공유하지 않는다. 당신이 그 비법을 사용하게 되면 그들은 550억 달러를 잃게 되니까 말이다.

그래서 내가 대신 그 비법을 공개하겠다. 나 자신, 나의 몸의 목소리에 귀 기울이고 그러는 동안 나 스스로를 사랑할 것.

자, 상상 속 당신의 새로운 세상에 인사하시라.

이제 더 이상 밖에서 해법을 찾으려고 하거나 마법의 약을 찾아 헤매지 말자. 당신의 아까운 돈을 쏟아붓는 짓도 멈춰라. 우리는 우리 자신의 몸에 문제를 해결할 비법이 있는데도 거기에 등을 돌리고 살아왔다. 그게 우리의 문화에서는 당연한 일이었으니까. 문제의 답은 당신의 몸에 있다. 단 1분만이라도 다이어트가 얼마나 힘든지에 대해 불평하는 걸 멈추고 당신의 몸이 알려주는 답에 귀를 기울이자.

당신의 몸은 망가지지도 않았고, 그러니 고칠 필요도 없다는 믿음을 가지자. 내 몸이 망가졌다고 믿는 순간 광고 회사들은 당신을 손아귀에 넣고 자신들의 임무를 완수한다. 지금 당신의 몸무게가 얼마나 나가든, 당신은 그 자체로 완벽하다.

다이어트를 시작하고 살을 뺄 때, 정작 당신은 가장 중요한 부분을 건너뛴다. 당신이 폭식을 하는 이유, 애초에 음식에 집착하게 된 이유에 대해 이해하는 과정이 없는 것이다. 스스로를 몰아붙이고 자신의 몸을 고치고 바꾸기 위한 단계부터 착착 밟아가는 대신, 그저 자기 자신에게 친절히 대하고 연민을 느끼는 사람이 되자. 무슨 일 때문에 그렇게 살찌는 행동을 하는지 의문을 품어보는 건 어떨까?

자기 자신에게 친절과 연민을 베푸는 것이 거침없이 멋진 인생을 사는 것과는 다소 어울리지 않는 조합처럼 보인다는 건 나도 알고 있다. 하지만 사실 자기 자신에 대한 친절과 연민은 멋진 인생의 근본이다. **최고의 인생을 사는 그 어떤 여성도, 자기 자신에게 못되게 굴거나, 자신은 망했으니 고쳐야 한다는 생각을 하거나, 스스로에게 벌을 주지 않**

는다. 그런 사람은 단언컨대 없다.

그런데도 또다시 다이어트를 시작했다면 이 질문은 꼭 해야겠다. 대체 왜?

'난 과체중이니까요'라거나 '요새 살이 쪘거든요'라는 대답을 할 셈이라면, 다시 한 번 묻겠다. 대체 왜 다이어트를 하려고 하는가? 그건 당신에게 음식이나 운동과 전혀 관계없는 어떤 일이 생겼기 때문이다. 당신이 겁이 나서 남들에게 털어놓을 수도 없는 그 문제란 무엇인가? 배가 고프지 않은데도 음식을 계속 먹게 만드는, 당신 머릿속에서 벌어지고 있는 대화는 대체 무엇인가?

이 모든 문제는 다이어트로는 해결할 수 없는 당신의 문제다.

다이어트에 대해 이야기하는 김에 당신 욕실에 놓인 체중계에 대해서도 좀 이야기하자. 보통 숫자에는 믿을 수 없을 정도로 어마어마한 힘이 있다. 또한 숫자는 논리적이고, 실용적이며, 명명백백하고, 분명하기 때문에 사람들은 숫자를 좋아하고 수치를 측정하는 걸 좋아한다. 이러한 숫자들 중에는 당신의 감정을 북받치게 하는 것도 있다.

다음 중 하나 이상을 경험했다면, 당신은 체중계에 찍힌 숫자에 집착하고 있는 것이다.

- 저울에 올라서서 그 숫자 때문에 기분을 망친 적이 있는가?
- 특정한 몸무게를 달성했을 때에만 스스로에게 보상을 하는 등 체

중에 대해 스스로와 협상을 한 적이 있는가?

• 체중계에 찍힌 숫자를 근거로 자신의 가치를 매겨본 적이 있는가?

지금쯤이면 이제 당신의 기분을 결정하는 건 당신의 생각이라는 사실을 이해하게 되었으리라 생각한다. 당신의 기분을 좋게 하거나 당신의 기분을 상하게 하는 건 체중계에 찍힌 숫자가 아니라, 그걸 보고 당신이 하는 생각이라는 뜻이다.

당신이 스스로에 대해 어떻게 느낄지를 몸의 부피를 근거로 판단할 이유는 전혀 없지 않은가? 모든 수단과 방법을 가리지 않고 스스로를 사랑할 권리는 날 때부터 당신에게 주어진 권리이다. 체중계 위의 숫자는? 그저 숫자일 뿐이다.

이렇게 한번 생각해보자. 어느 날 체온을 쟀는데 당신의 체온이 정상 체온보다 높게 나타난 적이 있는가? 병원에서 혈압을 쟀더니 정상 수치보다 높게 나왔던 적은? 이 수치들이 높게 나왔을 때 당신은 어떤 기분을 느끼는가? 스스로가 끔찍하게 싫어지는가? 스스로에게 화가 나는가? 아마 그러진 않을 것이다. 그럼 당신의 체중이 높게 나오는 경우엔 어떤가?

당신도 나처럼 체중계를 내다 버리기를 바란다. 아니면 기부를 해도 좋다. 그것도 아니면 커다란 망치로 내리쳐도 좋고. 체중계가 더 이상 집에 없다면 당신에게는 얼마만큼의 해방감이 생길까? 당신에게는 체중계가 왜 필요한가? 당신이 체중계에 집착하게 되면, 체중계를 영영 없앨 수 없다. 그러니 당신이 체중계에 집착하는 이유가 대체 무엇인지 제대로 들여다보아야 한다. 건강상의 이유라고?

그런 주장은 전에도 들어본 적이 있다. '몸매 관리를 하는 중인데, 체중을 재서 얼마나 성과가 있었는지 확인하고 싶거든요.'

아하… 정말 그럴까?

당신의 몸매가 얼마나 변했는지 잴 수 있는 방법은 다른 것도 많다. 가장 쉬운 방법은 옷의 맵시를 살피는 것이고, 더 좋은 방법은 당신의 기분이 어떤지 생각해보는 것이다. 무슨 말인지 감이 오는가?

시간과 에너지를 들여 몸을 움직이고 운동을 통해 몸을 존중한다면, 당신의 몸 역시 좋은 기분을 돌려줌으로써 당신에 대한 존중을 표할 것이다. 잠시 멈춰서 귀를 기울이면 몸의 목소리를 들을 수 있다. 그렇게 한 적이 있는가?

지금 당장 당신의 몸이 어떻게 느끼고 있는지를 기록해보자. 목과 어깨가 뻐근한가? 턱을 꽉 닫고 있진 않았는가? 피부 상태는 어떤가? 잠은 문제없이 잘 자는가? 장운동은 어떤가?

건강 상태를 체크하자면 이 모든 것들이 신호가 될 수 있다. 하지만 체중계의 숫자는 당신의 몸이 얼마나 유기적으로 잘 기능하고 있는지를 말해줄 수 없다. 당신의 몸은 하루 종일, 그리고 매일매일 당신과 소통하고 있다. 몸의 언어에 귀를 기울여보자.

당신의 몸은 당신이 언제 피곤한지, 배가 고픈지 배가 부른지, 언제 스트레스를 받았는지, 얼마나 녹초가 되었는지를 말해준다. 몸의 요구에 적절히 대응하는 것만으로도 그동안 시도했던 그 어떤 다이어트보다 훨씬 더 효과적으로 건강한 체중을 유지할 수 있다.

마지막으로 부탁한다. 오늘 당장 집에 있는 체중계를 없애라. 그러는 길에 체중계와 늘 붙어 다닌 다이어트에 대한 집착도 함께 버리고 오자.

22

통제하면 결국
구속받는다

믿기지 않겠지만, 주변을 통제하고 관리해야만 직성이 풀리는 사람은 언제나 패배한다. 과부 사정은 과부가 안다고 하지 않던가! 어느 날 나는 당시 내 남편이었던 남자와 함께 심리 상담을 받으러 갔고 내 이름이 호명되었다.

상담사는 내게 '당신은 통제광이군요'라고 말했다. 나는 눈을 동그랗게 뜨고 입을 벌린 채 황당하다는 표정을 지었다. 감히 그런 심한 말을 하다니! 하지만 그 순간 내 직관은 한숨을 쉬며 고개를 끄덕이고 있었다.

상담사의 말이 맞았다. 통제광 기질은 내 결혼 생활을 끔찍하게 만든 수백만 가지 이유 중 하나였다. 내가 불행했고 불안했다는 사실과, 매일매일 다양한 것에 중독되어 있었던 사실 역시 그 수백만 가지 이유를 채웠다. 나는 모든 사람들이 내가 시키는 대로만 하면 아무런 문제도 없을 것이라고 생각했고, 심지어 모든 게 아주 완벽할 거라고 생각했다.

당신 이야기는 아닌 것 같다고? 그럼 이 체크리스트로 가보자.

- 통제광들은 어떤 사람이 행동 한두 가지만 바꿔도 모두가 행복해질 거라고 믿는다. 특히 통제광 자신이 가장 행복해진다. 그래서 그들은 보통 '타인을 도우려'고 자신이 생각하는 타인의 결함을 몇 번이고 지적한다. 그 과정에서 그들은 자신의 지적을 건설적인 비판처럼 보이도록 포장한다.

- 통제광들은 비현실적인 기대를 품고 산다. 그리고 그 기대가 현실이 될 수 있도록 타인의 행동을 하나하나 세세하게 관리한다.

- 통제광들은 무엇이든 완벽해질 수 있을 거라고 믿으며, 다른 사람들 역시 완벽을 추구해야 한다고 생각한다.

- 통제광들은 어떤 것에 대해 알지 못해 괴로워하는 와중에도 다양한 일들을 벌인다.

- 통제광들은 최악의 시나리오를 제시함으로써 다른 사람들을 통제하려고 한다. 즉 그들은 원하는 것을 얻기 위해 다른 사람들을 두려움에 떨게 한다.

당신이 어떤 사람인지는 모르지만, 위의 항목에 해당하는 사람은 내가 함께 시간을 보내고 싶은 사람과는 거리가 멀다. 하지만 한때는 나 역시도 위의 항목 모두에 해당하는 사람이었다.

다음은 당신이 누가 되었든, 지금도 그리고 앞으로 아무리 많은 노력을 한다 해도 당신이 통제할 수 없는 것들의 목록이다.

- 날씨
- 타인의 기분
- 타인의 말투
- 타인의 성격
- 타인의 의견
- 타인의 판단
- 타인의 문제
- 타인의 행동

공통분모가 뭔지 감이 왔는가?

사람은 저마다 있는 그대로의 고유함을 지니고 있다. 그리고 타인의 기분, 행동, 의견 등을 관리하는 일은 당신의 직업이 아니다. 그런데 도대체 왜, 어째서, 당신은 그것들을 통제하려고 애를 쓰는가?

앞서 말한 통제광 체크리스트에서 본인에 해당되는 항목들이 있다면, 이렇게 자문해보자. 그렇게 행동하는 게 재미있는가? 그런 삶에서 마음의 평화를 얻는가? 그렇다면 아마 이런 삶을 살아온 지가 너무 오래돼서 당신이 남들을 통제하려고 한다는 사실조차 인지하지 못하거나, 아니면 알고는 있어도 그렇지 않고선 달리 살 아갈 방법을 알지 못해서일 것이다.

통제를 삶의 목적으로 삼은 사람들은 주변에 영향력을 미치려 함으로써 자신의 욕구를 충족시킨다. 그들은 지푸라기라도 잡는 심정으로 인생에 질서를 세우려고 노력하는데, 왜냐하면 마음 저 깊은 곳에서 고통을 겪고 있기 때문이다.

고통의 이유를 알고 있을지도, 모르고 있을지도 모른다. 하지만 하나 확실한 건 타인에 대한 통제를 일삼는 것이 당신의 문제를 해 결해주지는 않는다는 것이다. 고통은 계속될 뿐이다. 남을 통제하 며 마음의 장벽을 쌓는 것은 마치 피가 솟구치는 상처에 임시방편 으로 밴드를 붙이는 것과 같다.

그 와중에 좋은 소식이 하나 있다면 당신에게는 한 겹 한 겹 마 음의 층을 벗겨내고, 지난 일은 잊어버리고 당신이 직면한 진짜 문 제가 무엇인지를 자세히 들여다볼 수 있는 능력이 있다는 것이다.

자, 능력 발휘할 준비가 됐는가?

다음의 질문에 대답해보자. 당신은 자유롭고 싶은가? 자유로운 기분을 좋아하는가? 분명 그럴 거라고 생각한다. 구속받는 기분,

갇힌 기분을 좋아하는 사람은 없다.

역설적인 것은 당신이 다른 사람들을 통제하려 하는 동안, 어떤 방식으로든 그들을 변화시키려 하는 동안, 당신은 근본적으로는 스스로를 구속하고 있다는 것이다. 그 누구도 승자가 될 수 없는 상황 속에 스스로를 가두고 있는 셈이다.

'이기고' 싶은 것인가? 아니면 자유로워지고 싶은가?

모두가 당신이 생각하기에 '옳은' 방식으로 행동한다 하더라도 문제가 해결되는 건 아니다. 그간 거슬렸던 사람들이 이번엔 당신이 생각해도 옳은 결정을 내렸다 해도, 당신이 과연 완전히 만족할 수 있을까?

당신이 자유로워질 수 있는 방법이 하나 있다. 사람들을 있는 모습 그대로 인정하는 것이다. 당신이 사랑하는 사람이 약물 중독자라는 사실이 마음 아픈가? 물론이다. 직장 동료가 일을 제대로 못하면 화가 나는가? 그렇겠지. 시아버지의 정치 성향이 싫은가? 아마도. 하지만 어느 하나도 당신이 통제할 일은 아니다. 그들의 모습을 받아들이는 것은 그들에게 동의한다거나 그들을 이해하는 것과는 다르다. 당신은 그저 자유로워지기로 결심한 것뿐이다.

받아들이는 것은 동의하거나
이해한다는 의미가 아니다.

이런 관점에서 보는 건 어떨까. 타인의 인생 여정은 그저 그들의 인생 여정일 뿐이다. 이 관점은 어느 것에 대해서도 '좋음'이나 '나쁨'의 꼬리표를 달지 않는다. '아니, 내가 뭐라고 어떤 것이 진짜 좋고 나쁜지를 결정한다는 말인가?'라는 식으로 생각해본다면? 한번 해보자.

당신이 100퍼센트 통제할 수 있는 유일한 것은 바로 당신의 생각이다. 당신이 무언가를, 어떤 상황을, 사람들을 통제하려고 하는 게 어느 시점인지 있는 힘껏 인지하라. 그때 그저 아무것도 하지 않고 상황을 있는 그대로 두는 연습도 함께 하라. '그게 그것의 고유한 모습이야. 내게는 그것을 통제할 권리가 없어. 그런다고 어떻게 내 기분을 나아지게 하겠어?' 바로 여기서부터 시작하는 거다. 당신이 어떻게 할 수 없는 상황에 대해 '완벽하다'거나 '행복하다'고 느껴야 할 이유가 무엇인가. 그냥 괜찮다고 느끼면 그걸로 충분하다.

예를 들어 당신의 애인이 오토바이를 즐겨 타는데, 당신은 그게 마음에 들지 않는다. 오토바이는 타협 불가 항목이어서 그 사람은 마음을 바꿀 생각이 전혀 없다. 이 상황에서 공은 당신에게 넘어왔다. 당신은 상대가 오토바이를 탄다는 사실을 인정하고 그냥 내버려 두든지, 그 사람을 떠나든지 둘 중 하나를 선택할 수 있다.

너무 극단적으로 들릴지 모르겠지만, 이게 정말 당신이 가진 선택지다. 당신의 기분을 나아지게 하는 쪽을 선택하라. 어떤 일에 대해 지나치게 흥분하고 있다고 생각될 땐 '내버려 두자'라는 단순한 주문을 외워도 좋다. 통제광의 기질을 실제로 거둬내려면 정말 많은 노력이 필요하다. 하지만 당신은 할 수 있다.

왜냐하면 당신은 이기는 걸 좋아하고, 어떤 일이 그저 흘러가도록 내버려 두는 것은 언제나 당신을 이기게 하기 때문이다.

23

자기가 주인공인
드라마 중독

여러분은 언제나 일상이 드라마인 사람을 알고 있는가? 그 사람 주위에만 가면 별것 아닌 일도 큰일이 되어버리는 그런 사람 말이다. 그 사람은 어떠한 상황에든 비극적인 요소를 넣어 부풀린다.

앗, 잠깐! 당신 얘기라고?

만약 그렇다면 좀 더 읽어보시라. 이번 장은 과장의 여왕과 그녀의 주변 사람들에 관한 이야기니까.

불필요한 과장과 패닉은 당신의 수명을 몇 년씩 갉아먹는 데다가 어떤 상황에서든 당신을 절망 상태에 몰아넣는다.

물론 살다 보면 고난이 끝도 없이 이어지며 아침 드라마 같은 막

장 비극이 현실에 펼쳐질 때도 있긴 하다. 하지만 일반적인 날들을 기준으로 했을 때 내가 이야기하려는 사람들은 밑도 끝도 없이 결론으로 비약하고, 0에서 10으로, '평온에서 패닉'으로 2초 만에 건너뛰는 이들이다. 그들은 어떤 이야기도 그냥 흘려보내지 않는 가십의 여왕이자, 기본적으로 침묵을 견디지 못하는 사람들이다. 그렇기 때문에 그들의 손을 거치면 어떤 이야기든 변신에 변신을 거듭한다.

그런 사람을 떠올리는 것만으로 벌써 피로가 몰려온다.

이런 타입의 사람들에 대한 진실은 그들은 관객을 사랑한다는 것이다. 이들에게 자길 보는 사람이 없다는 건 '어느 숲에서 나무가 쓰러졌는데 그 순간 주변에 아무도 없어서 나무가 쓰러지는 소리를 누구도 들을 수 없었다. 그렇다면 그 나무는 소리를 냈다고 봐야 할까?'와 같은 상황인 셈이다. 즉 과장의 여왕은 관객이 없는 상황을 이렇게 받아들인다. '어떤 일이 일어났는데 누구도 그 일로 난리를 치지 않는다면, 그 일은 실제로 일어났다고 봐야 할까?'

당신의 주변에 이런 사람이 있는지 여전히 잘 모르겠다고? 그럼 다음의 설명에 딱 들어맞는 사람이 있는지 살펴보자.

- '그 애만 만나면 너무 지쳐.'
- '이 이야기는 그 애에게는 하지 마. 일을 엄청 부풀리고 말 거야.'
- '그 애는 잠깐씩만 만나는 게 좋겠어. 그 호들갑을 다 들어줄 수 없거든.'

그 사람과 만나는 시간은 가능한 한 짧게 하고 싶을 것이다.

과장과 혼란이 당신의 '가치 목록'을 차지하는 항목들이 아니라면 이런 종류의 사람들을 가능한 멀리하는 것이 당신의 인생에 이롭다. 드라마에 계속 휘둘리는 건 스트레스와 불안의 원인이 되고, 조금 더 직설적으로 말하자면 건강에 해롭기 때문이다.

그럼 어떻게 해야 할까?

첫 번째, 그 사람에게 '잘못'이 있는 것은 아니다. 이는 누구를 비난할 일도, 부끄럽게 생각할 일도 아니고, 그저 당신 자신을 위한 자기관리의 일환으로 생각하면 되겠다.

조금 덧붙이자면 이런 종류의 사람들은 자신이 드라마와 혼란의 중심에 있는지 모르고 있을 가능성이 높다. 그들에게는 그게 일상에 불과하기 때문에 자신이 사방팔방으로 불을 지르고 돌아다니는 것도 모자라 그 위로 꽃가루를 뿌리고 있다는 사실을 전혀 의식조차 하지 못하는 것이다.

이런 사람에게 만일 당신이 그 점에 대해 이야기한다면 어떻게 될까? 이야기를 꺼낸 당신의 의도는 무엇일까? 진심으로 상대를 돕고 싶은 걸까? 행동을 하기에 앞서 자신의 의도가 무엇인지를 정확히 이해해야 한다. 왜냐하면 기억하겠지만 당신은 다른 사람들을 통제해서는 안 되고 통제할 수도 없기 때문이다.

두 번째로, 그 사람과 이미 이야기를 나눴는데도 변하지 않는다면 그 사람이 당신의 인생에 정말로 필요한 사람인지 스스로에게 물어보자. 당신이 그 관계에 집착하는 이유가 무엇인가? 만일 그 사람으로 인해 당신의 소중한 에너지와 시간이 낭비되고 있다면 그건 누구도 아닌 바로 당신의 책임이다.

지금 이 글을 읽고 있는 과장의 여왕들이여! 나도 한때 과장하기 왕이었기 때문에 당신을 이해한다. 아마 지금쯤 '글쎄, 그게 내 인생인걸'이라고 생각하고 있는가? 당신이 스스로를 보호하려는 과정에서 과장의 여왕으로 거듭났다는 것을 알고 있다. 그러나 인정하기 힘들겠지만 당신의 인생은 딱히 남들의 인생보다 비극적이지 않다.

'비극과 혼란을 만들어내고 그 안에 사는 걸 좋아하는' 유전자를 가지고 태어나는 사람은 없다. 모두 학습된 행동이라는 뜻이다. 우리 모두는 관심과 사랑을 원한다. 그리고 관심과 사랑을 받기 위해 당신이 택한 생존법은 과장하기 여왕이 되는 것이었다. 당신은 그 방법 외에 다른 방법은 알지 못 하는 데다가 비극을 꾸며내지 않으면 어딘가 찝찝한 기분이 든다. 이제 차분하고 침착한 것은 어쩐지 지루하고 낯설기까지 하다.

당신의 인생은 딱히 남들의 인생보다 비극적이지 않다.

그럼 이제 당신이 이렇게 해서 얻는 게 무엇인지 스스로에게 질문할 차례다. 난리 상황을 만들어낼 때 당신이 진짜 원하는 건 무엇인가? 달리 신경 쓸 거리를 만들어냄으로써 당신의 인생에서 정말로 중요한 것들을 외면하려는 것은 아닌가?

당신을 당신답게 하는 고유한 정체성을 포기하라는 게 아니다. 다만 타인과 소통하고 사랑받을 수 있는 다른 방법을 찾아보라고 부탁하고 싶다. 어쩌면 그 시간은 당신이 스스로에게 진짜 원하는 것이 무엇인지를 질문할 수 있는 시간이 될 것이다. 실체를 들여다보고 나면 당신이 진정으로 원하는 것은 비극적인 요소를 담은 가십이나 소문, 꾸며낸 이야기와는 관련이 없었다는 사실을 알게 될 것이다.

관심과 사랑에 대한 갈망은 허상에 불과하다. 그 갈망은 건강하지 않을뿐더러 장기적으로는 허무함만 안겨줄 뿐이다. 그리고 그 허무함은 당신을 다시 시작점으로 되돌리고, 그렇게 혼란의 사이클은 반복된다.

직장에서 일어날 수 있는 일을 예로 들어보자: 당신이 커피를 마시고 있는데, 동료 중 한 명이 당신을 이상한 눈으로 쳐다본다…

과장의 여왕: 곧장 곁에 있던 다섯 명에게 그 눈빛을 봤는지, 그게 무슨 뜻일지를 묻는다. "내가 커피를 너무 많이 마신다고 생각한 걸까? 근데 그 애는 나보다 더 많이 마시잖아. 내 셔츠가 별로라고 생각한 걸까? 어쩌고저쩌고…"

다시 태어난 과장의 여왕: 그 동료에게 아침에 힘든 일이 있었던 건 아닌지 잠시 궁금해 한다. 그리고 다시 자신의 일상에 집중한다.

이 둘의 다른 점이 보이는가? 이 상황에서 승자는 다시 태어난 과장의 여왕이다. 왜냐하면 그녀는 '이상한 눈빛'이 자신에 대한 것이라는 생각에서 벗어났기 때문이다. 이제 그녀는 중요하지도 않은 일에 집착하면서 하루를 낭비하는 대신 자신의 일에 집중하며 하루를 보낼 수 있다.

만일 당신이 과장 여왕의 주위에 있던 다섯 사람 중 한 명이라면, 부탁인데 그 대화에서 빠짐으로써 그 비극의 드라마가 당신의 인생에 끼어들지 않도록 하자.

혹시 질문이 더 없다면 마지막으로 기억하자. 비극적인 이야기를 멀리하면 마음의 평안으로 가는 티켓을 거머쥔 것이다. 당신이 선동가 본인이든, 아니면 그들에게 선택된 관객이든 말이다.

24

타인의 인생에
휘둘리지 마라

충고와 명령에는 미묘한 차이가 있다. 특히 받아들이는 사람 입장에서 당신의 충고를 어떻게 느꼈는지가 명확한 경우 그 차이는 분명해진다. 그 사람은 당신의 충고를 거부했거나, 너나 잘하란 식으로 받아쳤을 것이다.

사랑하는 사람에게 무엇이 최선인지 알게 된다면 누구라도 그 상황에 끼어들려고 노력하게 된다. 그 사람이 잘못된 일을 하고 있는 게 너무 분명하고, 잘못된 길로 들어서 잘못된 결정을 내리는 게 우리 눈엔 보인다. 그 사람이 우리 말을 듣기만 하면 그 사람의 인생은 더 나아질 게 분명하다. 하지만 말을 듣지 않아서 답답해 죽을 것 같고 어떨 땐 그 상황이 우리의 삶에도 부정적인 영향을 미치기도 하는데, 왜냐하면 우리의 신경이 온통 그 사람에게 가 있기 때문이다.

당신은 아마도 당신의 방법이 최선이라고 생각하고 있을 것이다. 하지만 1분만 마음을 열고 내 말 좀 들어보시라….

질문 그 결정들이 그 사람에게 '잘못된' 결정이라는 것을 어떻게 확신할 수 있는가? 당신의 친구가 연인에게 학대를 당하면서도 그를 떠나지 않는다거나, 동생이 알코올 중독에 빠졌는데도 불구하고 재활 도움을 받지 않는 대도 말이다. 당신의 눈에는 당신의 충고가 적절해 보일 것이다. 하지만 그 사람이 지금 겪고 있는 상황이 그 사람 자신에게 꼭 필요한 일이 아니라는 것을 어떻게 확신할 수 있는가?
'대체 학대나 알코올 중독이 필요한 사람이 누가 있단 말이야?!'라고 생각하며 코웃음을 칠지 모르겠다. 하지만 바로 그 시점에서 마음을 열어야 한다.

당신이 힘들었던 시기를 떠올려보자. 당시에 당신은 다른 사람의 충고를 받아들이지 않았지만 결과적으로는 그 상황을 어떻게든 벗어났다. 그 시기에 당신은 스스로의 자유 의지와 결정을 믿고 더 나은 상황으로 자신을 이끈 것이다. 그 시기에 당신이 배운 것들과, 상황을 극복하고 더 나은 위치에 선 자신이 얼마나 자랑스러웠는지를 떠올려보자. 한 번도 스스로가 자랑스러운 적이 없었다면 지금이 바로 기회다.

시간을 되돌려 처음부터 타인의 충고를 받아들여 상황을 전환할 수 있는 기회가 주어진다면, 당신은 스스로 배운 경험과 그 기회를 맞바꾸겠는가? 아마 그러지 않을 것이다. 결과적으로는 그의 충고대로 되었다 하더라도 이유가 무엇이었든 당시에 충고를 받아들일 만한 상황이 아니었다는 것은 당신이 제일 잘 알고 있다. 당신의 인생 교훈은 당신의 것이다. 그리고 그 안에는 당신만을 위한 선물이 담겨 있다.

요점은, 아무리 강한 확신이 든다고 해도 다른 사람을 위한 최선이 무엇인지 우리가 늘 알 수는 없다는 것이다.

하지만 이보다 중요한 게 있다. 만약 당신이 누군가를 '돕기 위해' 강박적으로 노력하고 있다면 당신은 지금 정작 자신의 인생에서 관심을 요하는 문제를 외면하고 있는 것이다.

자, 그럼 그게 무엇일까?

친구에게 관계에 대한 이런저런 충고를 하고는 있지만, 사실은 당신의 연애 관계가 엉망인 건 아닌가? 남편에게 술을 너무 많이 마신다고 잔소리하고 있지만 사실 당신도 폭식으로 자신의 기분을 달래고 있지는 않은가? 가족에게 누구누구과 어울려 다니지 말라고 잔소리를 하면서도 속마음은 지금 당신이 다니고 있는 직장이 너무 싫은 건 아닌가?

자신의 인생을 고치는 것보다는 다른 사람의 인생을 고치는 게 쉬워 보이는 건 사실이다. 타인의 문제에 집중하는 게 덜 아프니까 말이다. 당신의 도움 덕분에 그들의 상황이 나아진다면 스스로 중요한 사람, 똑똑한 사람이 된 것 같고 그래서 마치 영웅이 된 것 같은 기분도 들 것이다.

하지만 한 발자국만 양보해 그들을 조금만 믿어보도록 하자. 이건 그들의 삶이지 당신의 삶이 아니니까. 그들의 결정에 대한 당신의 생각은 당신을 투영한 결과 나온 생각이지, 사실은 그들과는 아무런 상관이 없다.

자신의 문제를 무시하는 건 스스로에게 해를 가하는 일이기도 하다. 방 안에 분홍색 코끼리가 앉아 있는데도 보지 못한 척 이에 대해 언급하지 않고 계속해서 모든 게 '괜찮은' 것처럼 행동하는 것 역시 당신에게 좋을 게 하나도 없다. 게다가 아무리 다른 사람의 일에 코를 처박고 몰두한다 해도 분홍 코끼리가 마법처럼 스스로 사라질 리는 만무하다. 얼마나 더 좋은 충고를 남에게 쏟아부은 후에야 비로소 당신의 문제로 관심을 돌릴 텐가? 곪고 곪아 비상경보음이 울릴 때까지 기다릴 셈인가?

이런 일은 내 주위에서 늘 볼 수 있고, 나 역시 그런 경험을 한적이 있다. 사실은 당신도 자신이 외면하고 있는 무언가가 마음속에 박혀 있다는 사실을 알고 있다. 여기서 내 역할은 아무리 당신이 자신의 문제를 무시한다고 해도 그 문제가 스스로 해결되는 일은 없을 거라고 상기시키는 일이다.

다른 사람을 돕는 일에 당신의 모든 에너지를 쏟아붓는다 해도 자신의 문제는 저절로 해결되지 않는다. 오히려 더 당신 곁을 맴돌 뿐 아니라, 어제 내놓은 쓰레기처럼 야금야금 썩어갈 것이다. 쓰레기 더미는 점점 더 커져만 가는데 당신은 대체 그 쓰레기를 누가 내다 버릴 것인지 고민만 하고 있다.

이게 당신 이야기라면 남을 돕는 일은 잠시 쉬도록 하자. 누군가에게 무엇을 하라고 말하고 싶어질 때마다 당신의 관심을 내면으로 돌리고 당신의 인생에서 당신의 관심을 필요로 하는 것이 무엇인지 생각하자. 잊었을까 봐 하는 말인데, 당신도 소중한 사람이다.

당신의 문제에 관심과 사랑을 쏟자. 지난 장에서 다른 사람들의 똥 무더기를 받아드는 것에 대해 한 이야기를 기억하는가? 누군가 당신에게 자신의 똥 무더기 즉 당신에 대한 그 사람의 판단을 건네도 당신이 그걸 받을 필요는 없다. 더군다나 그들의 행동을 당신이 해석하면서 그 똥 무더기를 나서서 받을 필요는 더더욱 없다.

25

세상 멋진
열정의 마이웨이

우리 모두에게는 너무너무 하고 싶은 일이 한 가지씩 있다. 하지만 그 일을 하지 않은, 할 수 없는, 앞으로도 하지 않을 이유도 하나 이상 가지고 있다는 데에 나는 오프라 윈프리의 돈을 모두 걸겠다.

이번 장에서는 당당한 마이웨이 인생을 살기 위해 자기 마음이 원하는 일을 좇는 것이 얼마나 중요한지에 대해 이야기하려고 한다. 함께 살펴보자.

1. 자신감과 용기를 얻게 된다. 이건 꽤나 정확한 진단이다. 하고 싶던 중요한 일을 할 때 당신의 마음속에 불꽃이 일기 시작한다. 그 일을

실제로 하는 것이 당신이 상상했던 것만큼 두렵지 않다는 사실도 깨닫게 된다. 자신감과 용기는 여러 층으로 이루어져 있고, 그중 하나가 '일단 해보기' 층이다. 혹시 그 일을 실제로 하고 보니 원했던 만큼 재밌거나 신나지 않았더라도, 적어도 이제 당신은 돌이켜 생각할 때 '내가 그걸 했다'는 것을 실감할 수 있다.

2. **다양한 사람들을 만날 수 있다.** 당신이 하고 싶은 일은 책을 쓰는 것이다. 사실 이건 많은 사람들이 꿈꾸는 일이기도 한데 일단 책을 쓰기로 결정했다면 글쓰기 그룹에 가입하고, 작가와의 만남에도 참석하고, 전국 소설 쓰기의 달(National Novel Writing Month, 해마다 11월에 미국에서 열리는 인터넷 기반의 연례 글쓰기 대회 – 역자 주)에 참가하고, 같은 꿈을 꾸는 사람들이나 동종 업계에 종사하는 사람들을 만나 당신의 꿈을 그려볼 수도 있다. 당신이 하려는 것이 무엇이든 당신과 같은 목표를 향해 달리는 사람들이 아주 많을 테고, 그렇다는 것은 그 과정에서 당신에게 도움을 줄 수 있는 사람 역시 아주 많다는 것을 뜻한다.

3. **죽기 전에 남는 후회를 줄일 수 있다.** 죽음의 문 앞에 서서 '그 사업을 했더라면 좋았을 텐데, 그 취미를 시작했더라면 좋았을 텐데, 그 일을 했더라면 좋았을 텐데' 하고 후회하는 것이 어떤 기분일지 상상조차 하고 싶지 않다. 시도했더라면 정말 좋았을 법한 것, 그리고 시도해서 좋았던 것이 무엇인지 떠올려보자. 원하는 일을 제대로 성취하거나 성공하는 데 의미를 두지 말고, 시도하는 것 자체

에 의미를 두자.

4. **다른 이들에게 동기 부여를 할 수 있다.** 원하던 일에 실제로 도전하고 나면, '당신 덕분에 내가 _____에 도전할 수 있게 되었어요!'라는 말을 계속해서 듣게 된다. 그 파급 효과의 어마어마한 힘이 어디까지 퍼질지 당신은 결코 상상조차 할 수 없을 것이다. 사람들은 당신을 롤모델로 삼은 채, 당신이 할 수 있다면 자신들도 할 수 있다는 믿음으로 꿈을 좇는다. 거기에 더해서 그 일에 도전하기 전에는 당신도 두려웠지만 어쨌든 이를 견뎌내고 도전했다는 사실까지 그들과 공유하면 훨씬 더 큰 동기 부여가 될 수 있다.

5. **관심을 쏟을 만한 긍정적인 일을 갖게 된다.** 누구에게나 인생에서 일어나는 부정적인 일들로부터 도피할 수단이 필요하다. 당신에게도 비운의 주인공이 될지, 꿈의 주인공이 될지를 선택해야 할 날이 올 텐데, 그때 당신은 무엇을 선택할 것인가?

6. **늘 좋은 기분을 유지할 수 있다.** 그리고 이건 정말 끝내주는 일이다! 당신이 애초에 원하는 일을 하려던 이유도 그 일을 하면 기분이 좋기 때문이다. 당신이 그 일을 원하는 이유는 그 일에 대해 생각만 해도 신이 나고 행복하기 때문이다. 이러한 당신의 좋은 기분은 다른 사람들에게도 쉽게 옮겨간다. 게다가 하고 싶은 일을 할 때 당신은 언제나 건강한 마음을 가질 수 있다. 건강한 마음은 건강한 신체를 만드는 법이다.

26

당신의 화는
오직 당신의 것이다

'화난 상태를 끌고 가는 것은 자신의 몸에 불을 붙인 채 다른 사람이 그 연기에 질식하길 바라는 것과 같다'라는 말을 들어봤을지 모르겠다.

누군가 '난 아직 분이 덜 풀렸어'라거나 '이 일은 그냥 넘어갈 수 없어!'라고 말하는 모습을 보는 건 참 흥미로운 일이다.

그럴 때마다 나는 '그 일에 집착해서 당신이 얻는 게 뭔가요?'라고 묻는다.

그 사람을 떠올리며 계속 분노하는 것이, 분노의 감옥에 상대를 가두는 것이 그 사람을 벌주는 일이라고 생각하는가? 분노를 품어서 당신이 얻는 것은 화, 슬픔, 증오, 부정적인 생각 등 무거운 감정과 어두운 에너지밖에는 없다. 그런 감정으로 가득 찬 사람과 어울리고 싶어 하는 사람은 없다. 그래도 당신은 좋은 친구를 만들 수 있을 거라고 행운을 빌어주겠다.

설마 터프해 보이려고 그러는 건 아니겠지. 잠깐만 생각해보면 누군가에게 계속해서 화를 내고 용서하지 않는다고 당신이 강인하거나 천하무적인 것은 아니다. 그저 당신이 여전히 화가 난 것일 뿐이다. 그리고 그 상황에서 유일하게 고통받는 사람은 당신 하나뿐이다. 그게 즐겁다면 즐거운 시간 보내시라.

그것도 아니라면 대체 왜 그러는가?

잠깐… 지금 내게 '그 애가 나한테 어떤 짓을 했는지 알기만 한다면'으로 시작하는 이야기를 들려줄 참인가?

음, 난 그 애가 당신에게, 심지어 당신의 어머니에게 어떤 짓을 했어도 관심 없다. 분노를 놓아주는 일은 그들이 '무슨 짓을 했는지'와는 전혀 관계없는 일이니까.

물론 '괜찮다'고 생각해버리라는 것이 아니다. 그들을 이만 당신의 인생에 다시 받아달라는 말을 하려는 것도 아니다.

분노를 놓아준다는 건 당신이 그 일을 놓아버릴 만큼 스스로를 충분히 사랑한다는 뜻이다.

그럼에도 여전히 '절대 용서할 수 없다'고 말한다면 또 묻지 않을 수 없다.

왜 안 되는가?

분노를 놓아버리고 나면 어떤 일이 생길 거라고 생각하는가? 이미 예상했겠지만 이 책이 강조하는 두 가지 주제를 기억하자.

1. 당신이 가장 두려워하는 최악의 일은 아마 일어나지 않을 것이다.
2. 당신은 다른 사람들을 통제할 수 없다.

그 누군가에 대한 분노가 없는 당신의 삶을 상상해보자. 어차피 타임머신을 가지고 있는 것도 아니어서 시간을 돌려 다른 선택을 하라고 그들에게 강요할 도리도 없다. 그들이 자신의 잘못에 대해 미안해하도록 만들 수도 없다. 그들에게 강제로 용서를 빌게 할 수도 없다.

하지만 당신의 분노를 끝냄으로써 스스로에게 자유를 선사할 수는 있다. 그렇게 할 수 있을 때 당신은 마침내 과거를 정리하고 앞으로 나아갈 수 있게 된다. 오래된 허물은 벗어버리고, 새롭고 더 큰 힘이 넘치는 당신으로 다시 태어나는 것이다.

당신이 여전히 화내고 있는 누군가에 대해 생각해보자. 분명히 한 사람은 있을 것이다. 당신은 그 사람을 떠올릴 때마다 그때 어떤 일이 있었는지, 그 사람이 무슨 짓을 저질렀는지도 함께 떠올린다. 하지만 지금부터는 당신이 더 이상 화내지 않는다면 어떻게 될지에 대해서만 생각했으면 좋겠다. 결코 그 사람과 화해해야 한다거나 당장 용서해야 한다는 말이 아니다. 그 사람에 대한 분노와 앙금이 남아 있지 않다면 어떨지 생각하는 것으로 충분하다.

당신 마음속의 무엇이 바뀌게 될까?

다시 한 번 기억하자. 당신의 분노는 그 사람과 아무런 상관이 없고, 그건 모두 당신의 일이다. 당신의 분노는 당신의 것이다. 당신이 만들어냈으니 그걸 놓아줄 힘도 당신에게 있다.

이것이야말로 당신이 스스로에게 줄 수 있는 가장 큰 선물일 것이다. 분노를 놓아주고 스스로에게 평화를 선물해주고 나서야 비로소 당신도 주위 사람들에게 베풀 수 있게 된다.

최근에 과거에 내가 썼던 일기를 찾았다. 일기 속 나는 전 남편과 이혼 후 어떤 남자와 아홉 달 정도를 만난 뒤 헤어진 상태였다. 나쁜 관계를 연달아 겪은 만큼 그때 나는 정말 엉망이었다.

내가 쓴 일기에서 나는 '대체 내게 무슨 일이 있었던 거지? 한때는 '자석같이 끌리는' 사람이라는 말을 듣곤 했는데, 예전의 내 모습은 대체 어디로 가버린 거야? 예전의 나를 다시 찾고 싶다'라고 썼다.

당시에 내게 일어난 일이 무엇인가 하면 나는 그 남자와 전 남편에 대한 분노와 앙금을 손에 꼭 쥐고 있었다. 나는 남자들의 행동에 한껏 휘둘리고 있었다. 결국 나는 '그때나 지금이나, 그들을 통제하거나 그들의 행동을 바꿀 수 없다'는 사실을 깨달았다.

그래서 놓아버리기로 했다.

그리고 그게 바로 내 인생에 가장 중요한 전환점이었다고 자신 있게 말할 수 있다. 나는 내 행복과 자유, 내 인생을 위해 살기로 결심했다.

분노, 슬픔, 화는 짊어지기 무거운 감정이다. 가볍고 평화로운 짐을 질 텐가? 아니면 무거운 짐을 질 텐가? 그것 역시 당신의 선택이다. 결정하기 전에 다시 한 번 상기시키자면, 당신의 부정적인 생각과 기분의 근원이 되는 그 사람은 당신이 어떤 짐을 지든 전혀 관심도 없다.

27

나의 영웅은
나!

'스스로의 영웅이 되어라'라는 말을 처음 들었을 때가 기억난다. 그때 '내가 그렇게 하고 있나? 나는 나를 위해 영웅답게 행동하고 있나?' 하고 생각했다.

내 자아가 이렇게 대답했다. '그러고 있길 바라.'

그리고 당신도 그러길 진심으로 바란다.

허영심이나 자만심을 가지라는 말이 아니라, 자신이 끝내주게 멋지다는 사실을 인정하고 믿으라는 얘기다. 그걸 믿지 않고서 당신이 꿈꾸는 멋진 인생을 어떻게 성취할 수 있단 말인가! 결국 중요한 건 당신이 무엇을 믿는가이다. 그중에서도 가장 중요한 부분은 '스스로를 어떤 사람이라고 믿을지 선택하는 일'이라고 할 수 있다.

생각으로든 행동으로든 당신은 스스로를 어떻게 대우하는가?

무언가를 할 수 없다고 생각해버리면 실제로도 그 일은 이룰 수 없다. 스스로 실패할 운명이라고 생각해버리면 실제로도 실패하게 된다. 그러는 동안 당신이 내내 절망에 빠져 지낼 것이라는 건 말할 것도 없다. 내게 그런 상황은 생각만으로도 끔찍한데, 당신은 어떤가?

어떻게 하면 스스로를 구하는 영웅이 될 수 있을까. 그 방법은 아주 구체적이다. 여러 단계를 거쳐야 하고, 오랜 기간 명상도 해야 하고, 엄격한 식단 조절에, 매일매일 스스로를 점검하고-지직 지지직…

아니, 사실은 굉장히 단순하다. 그렇게 하기로 결심만 하면 된다. 그 방법은 이러하다.

1. 첫 번째 단계는 스스로를 좋아하는 일이다. 당신이 스스로를 얼마나 좋아하는지 거울을 보고 소리 내어 말해보자. 함께 사는 개에게도 말해주자.

2. 내 안에 비관주의자가 살고 있다는 사실을 인지하자. 그거면 된다. 그 존재를 인지하게 됐다면 그것은 그저 비관주의자일 뿐 진정한 당신의 모습이 아니라는 것을 늘 기억하자.

3. 당신은 인간이기 때문에 나쁜 날도 있을 수 있다는 사실을 기억하자. 그건 나도 마찬가지고 모두가 마찬가지다. 그 사실을 받아들이고 앞으로 나아가자.

4. 1번으로 돌아가 계속 반복하자.

스스로의 영웅이 된다는 건 영웅답게 산다는 걸 의미한다. 내 주위에는 어떤 사람들이 있지? 나는 나에게 얼마나 신경 쓰지? 혹은 신경 쓰지 않지? 나는 다른 사람들 앞에서 나 자신에 대해 어떻게 이야기하지?

사람들은 당신을 지켜보고 있다. 그들은 당신이 하는 말을 들으며, 동시에 머릿속에 기록도 한다.

그러니까 내가 나를 함부로 대하면 다른 사람도 나를 함부로 대하게 된다. 모든 사람이 그렇지는 않겠지만, 대체적으로 그렇다. 남들이 나를 함부로 대하면 그런 대우가 스스로에게 어울린다고 생각하면서 그 뒤로도 계속해서 자신을 함부로 대하게 된다. 그다음부터는 나도 모르게 나의 무가치함을 증명할 증거를 찾아 나서게 되고, 결국엔 정말 찾아내고야 만다. 바로 주위 사람들이 나를 함부로 대한다는 사실이다.

참 뭣 같다. 하지만 이렇게 악순환의 고리가 형성되면 당신이 바뀌지 않는 한 악순환은 계속 이어질 거다.

당신은 값을 매길 수 없을 만큼 소중한 사람이다. 당신이 누구이든, 어떤 일을 해왔든, 지금 스스로를 어떻게 생각하든 상관없이 당신은 있는 모습 그대로 자신의 영웅이다.

당신이야말로 당신이 100퍼센트 통제할 수 있는 유일한 대상이기도 하다.

- 나에게 어떤 말투로 이야기할지 결정하는 건 나다.
- 내 몸을 어떻게 대할지 결정하는 건 나다.

- 내 주위에 어떤 사람을 둘지 결정하는 건 나다.
- 누구에게 어떤 영향을 받을지 결정하는 건 나다.
- 나에게 중요한 것이 무엇인지, 그걸 존중할지 아닐지를 결정하는 건 나다.

위의 항목과 관련하여 당신은 주로 어떤 결정을 하는가?

남들이 당신을 어떻게 대할지에 대한 기준을 정하는 사람은 당신이다. 당신의 인생에 누구를 들일지, 그들이 당신을 어떤 방식으로 대하게 할지를 정하는 것도 당신이다. 남들이 당신을 대하는 방식이 마음에 들지 않는다면 그들에게 달라질 것을 요구하라. 그들이 변하지 않는다면 그들을 얼마나 자주 만날지를 다시 결정하라. 어떤가. 정말 간단하지 않은가? 당신의 어머니가 되었든, 쌍둥이 자매가 되었든, 상사가 되었든, 당신이 스스로 감내할 수 있는 것만 감내하도록 하자.

그래, 이제 털어놓아 보시라. 당신 자신이 영웅임을 느끼지 못하게 방해하는데도 꾹 참아온 것은 무엇인가? 오만하게 거드름 피우라는 이야기가 아니다. 다만 당신이 얼마나 멋진 사람인지를 반영하고 보완할 수 있는 삶의 방식을 택하라는 얘기일 뿐이다. 그건 당신이 당신 자신을 어떻게 대접하는지, 다른 사람들이 자신을 어떻게 대우하도록 하는지에 달렸다.

28

행동하지 않을 거면
불평하지 마라

온 세상 사람들이 쉽게 끊지 못하는 일 중 하나가 불평이다. 식료품점 계산대 앞 길게 늘어선 줄에 서서 옆 사람과 절망 섞인 눈빛을 주고받은 적이 있는가? 그리고 누군가가 "대체 계산대 하나 더 여는 게 왜 그렇게 어려운 거요?"라고 한마디 던진다. 그러면 당신은 갑자기 그 사람과 절친이 된다. 보통 우리는 이런 방식으로 어색한 분위기를 깨고, 유대감을 형성하고, 도움을 청한다.

하지만 사실은 불평을 통해 얻을 수 있는 게 아무것도 없을 때가 훨씬 많다.

조금만 더 보충 설명을 한다면, 물론 의식적인 견제나 의견 표출에는 좋은 점도 있다고 생각한다. 불만스러운 상황에 대해 목소리를 내는 건 전혀 문제될 게 없고 오히려 멋진 행동이다. 사실 모두가 불평을 하지 않고 모든 게 그저 좋은 듯 행동한다면 감정이 억눌리고 말 것이다.

핵심 분위기를 환기시키려는 의도를 가지고 불평을 한 뒤, 나아가 해결책을 모색하고자 한다면 불평도 도움이 된다.

많은 사람들은 실제로 자신의 문제에 대해 소리 내 말함으로써 문제를 해소한다. 내 고객 중에도 이런 사람들이 있다. 전화를 걸어 "이 얘기는 꼭 해야겠으니 잠깐만 참아줘요"라고 선언하고는 마음속 이야기를 모두 뱉어낸 뒤 "이 시점에 내가 해야 할 일이 뭐라는 건 나도 알아요"라고 말하며 이야기를 마무리한다. 그러고 나면 내 멋진 역할도 끝난다.

하지만 바로 그 지점에서 당신은 스스로의 발등을 찍기 쉽다. 이런저런 일들이 이러저러해서 싫고, 어찌저찌한 일들을 얼마나 하고 싶은지에 대해 끊임없이 늘어놓고는 정작 변화를 위해 그 어떠한 행동도 하지 않는다. 그렇게 되면 외람된 말씀이지만 '하지만 내가 그걸 바꿀 수는 없잖아'라는 당신의 변명은 모두 헛소리가 될 수밖에 없다.

친한 친구이자 동료인 에이미 스미스가 늘 하는 말이 있다. '행

동할 생각이 없다면 그 어떤 것에도 불평하지 마라.'

자, 그럼 당신은 어떤 것에 대해 행동할 텐가?

먼저 당신이 바꿔버리고 싶은 것에 대해 이야기하자. 바꾸고자 하는 대상이 당신이 싫어하는 행동을 하는 사람이라면 그의 행동이 당신에게 어떤 기분을 주는지 정중하고 공손하게 이야기한 뒤 둘 모두가 행복해질 수 있는 타협점을 찾도록 하자. 아마 그 사람도 현재 상황을 바꾸고 싶어 할지 모른다. 묻기 전에는 모르는 일 아닌가.

당신의 직장에 관한 일이든 시끄러운 이웃집 개에 관한 일이든, 일단 이야기를 꺼내자. 당신이 화두를 꺼내지도 않은 채 싫어하는 그 대상에게만 온 신경을 쏟고 그 일에 대해 끊임없이 불평만 늘어놓으면 당신의 눈에는 그 일밖에 보이지 않게 된다. 행동하지 않으면 그 어떤 것도 바뀌지 않는다.

계속해서 때를 기다리기만 하면 긴장감은 점점 증폭된다. 마침내 임계점에 다다라서 당사자와 이야기하기로 결심할 때쯤이면 타협을 위한 친절과 의욕 따위는 사라진 지 오래일 가능성이 높다. 오히려 '이 망할 자식, 내가 한 대 치기 전에 행동을 바꾸는 게 좋을 거다'와 같은 태도를 장착하게 되지 않을까? 이런 태도는 건강한 토론으로 이어지기 어렵다.

만약 당신이 무슨 수를 써도 상황을 바꿀 수 없다면, 예컨대 만일 그 일이 정말로 다른 누군가의 손에 달린 일이라면 그 일에 대한 불평은 당장 그만두자! 신앙심으로라도 잊어보자. 솔직히 그 문제에 대해 불평할 때 기분이 어떤가? 좋은가? 힘이 솟는가? 그게 나답다는 생각이 드는가? 아니면 말하는 그 순간은 속이 시원하지만 돌아서면 기분 나쁜가?

불평은 당신의 소중한 에너지를 갉아먹고, 사람들을 당신의 곁에서 멀리 쫓아버린다. 부정적인 일들에 에너지를 쏟는 대신 긍정적인 일에 에너지를 사용하자. 문제를 해결하고, 나 자신과 남들을 사랑하는 데 써보는 건 어떨까?

하지만 그 전에 불평을 멈춰라!

29

최고의 용서는
자신을 용서하는 것

정말 흥미로운 사실이 있다. 사람들은 실수를 저지른 자기 자신을 용서하는 것보다 자신에게 상처를 준 타인을 용서하는 일을 더 쉽게 느낀다는 것이다. 자신은 스스로를 사랑하며 자신감도 넘친다고 말하던 여성들이 '과거에 실수를 저지른 자기 자신을 용서했는지' 물었을 때는 마치 귀신이라도 본 듯 사색이 되는 것 역시 흥미로운 현상이다. 그리고 그들은 결국 자신이 지금까지 달고 다닌 과거의 망령을 한두 개씩 꺼내놓고 만다.

스스로를 용서하지 않으면 결국 우리는 자신을 미워하게 되는데, 그건 공허하고 불행한, 전혀 빛나거나 멋지지 않은 인생으로 가는 급행 티켓이다. 스스로에 대한 원망은 마치 한여름에 맛있는 바비큐를 즐기려는데 끝도 없이 들러붙는 망할 파리와 같다. 파리를 향해 계속 손을 휘두르면서 바비큐를 즐겨도 좋다. 하지만 그 성가신 것은 초대도 하지 않았는데 지치지도 않고 계속해서 불쑥불쑥 나타난다.

그러니 한 걸음 물러서서 용서가 안 되는 그 일을 자세히 들여다보고 당시에 당신이 어떤 의도를 가지고 있었는지 기억해내자. 당신은 스스로를 보살피고 싶었고, 그러기 위해 당신이 알고 있는 가장 빠른 방법을 택한 것일 수 있다. 그게 최선이었는가 하면 아마 아닐 것이다. **하지만 당시에 자신이 알고 있던 최선의 방법으로 스스로를 돌보려 했음을 인정할 수는 있다.**

때때로 우리는 자신의 '인간성' 안에서 '못남'을 발견하기도 한다. 우리 모두가 그렇다. 그때 우리는 우리가 아는 최선의 방법과 최선의 도구를 선택한다. 그것이 실수였더래도 우리는 모두 그 경험으로부터 배우고 성장한다.

머리로는 이해해도, 자신을 용서하는 일은 여전히 어려울 것이다. 여전히 용서가 안 되는 과거의 일들을 모두 목록으로 만들어보자. 물론 눈앞에 나열해놓고 보면 더 괴로워질지 모른다. 하지만 그래도 해보자. 때때로 모두 까발렸을 때 오히려 과거는 힘을 잃기도 한다. 마치 당신의 몸 밖으로 몰아내기라도 한 듯 과거는 한낱 종이 위에 놓인 단어가 되고, 더 이상 그렇게 끔찍하지도, 당신이 그동안 생각했던 것만큼 엄청나지도 않은 일이 된다.

더 이상 자신의 영혼을 학대하지 말자. 그래도 여전히 용서할 수 없다면 대안을 생각해볼까? …어디 보자. 만일 그게 당신이 아니라 당신의 가족이거나, 자녀이거나, 가장 친한 친구였다면 그리고 그들이 진심으로 후회하며 용서를 구한다면 그리고 당신 역시도 당시엔 그게 그들이 할 수 있던 최선의 방법이었다는 사실을 믿는다면 그들을 용서할 텐가? 아니면 역시 "아니, 넌 여전히 더 벌을 받아야 해"라고 말할 것인가?

같은 방식으로 당신이 스스로를 용서하고 실수의 기억을 벗어던지도록 허락했다면, 지금 당신은 어떤 모습일지 상상해보자. 당신은 용서받을 자격이 있다. 당신은 마음의 평화를 누릴 자격이 있다. 당신을 붙잡고 있는 그 일을 놓아버릴 자격이 당신에게는 있다.

30

당신은
모자라지 않다

이번 장에서는 아주 힘이 세고 까다로운 단어에 대해 이야기해볼까 한다. 바로 '순응'이라는 단어다.

문화적인 이유로 우리는 진정한 자신의 모습을 받아들이는 것을 어렵게 느낀다. (이건 나의 편견일 수도 있지만)특히 당신이 여성이라면 더욱 그렇다. 우리 문화는 어떤 외모·행동·말투가 이상적인지, 무엇이 아름다운지, 어떻게 하면 성공할 수 있는지에 대해 가르치는 것도 모자라 성공의 정의까지 정해준다!

이런 식으로 순응의 '상자'가 만들어지고, 우리는 모두 그 상자를 하나씩 갖게 된다. 많은 사람들은 '인정받기 위해' 이 상자 안에 자신을 끼워넣는데, 인정받는 데는 이 방법이 가장 쉬워 보이기 때문이다. 보통 중학생 즈음 되었을 때 상자는 만들어지기 시작한다. 우리는 타인의 의견과 신념, 선호도와 취미를 수용한다. 그리고 그 과정에서 형성된 순응하는 습관은 자라면서 나의 습관으로 자리 잡는다. 그래서 우리는 왜 우리가 행복하지 않은지 알지 못한다.

당신도 인생의 어느 시점에 그 상자 속으로 들어가게 되었는가? 만일 그랬다면 당신 혼자만 그랬던 건 아닐 것이다.

나는 서른한 살이 되어서야 비로소 그 상자에서 나왔고, 성공, 행복, 충만함, 가치, 미래를 비롯한 모든 것에 대해 나만의 정의를 내릴 수 있었다. 그리고 나는 모두가 나처럼 할 수 있기를 간절히 바란다.

나에 대한 정의를 스스로 내리지 않으면 내가 좋아하는 게 뭔지, 원하는 게 뭔지, 진정한 내가 누구인지, 나를 빛나게 할 그 무언가가 대체 뭔지 알지 못한 채 양 떼처럼 군중을 따라 살아가기 쉽다.

그건 비극이 아닐 수 없다.

나는 자신이 전혀 특별하지 않다고 생각하는 사람들을 늘 만난다. 그들은 자신이 보기에 아주 멋지고 순탄한 인생을 사는 다른 누군가처럼 되기 위해 아주 많은 시간과 돈, 에너지를 들인다.

정말 묻고 싶다. 당신에게 다른 누군가처럼 되려고 아등바등하는 것은 어떤 느낌인가? 편안한가? 쉬운가?

난 그렇게 생각하지 않는다.

너무 상투적으로 들릴지 모르겠지만, 모두가 각자 얼마나 특별한지 깨닫게 된다면 이 세상은 더 나은 곳이 될 것이라 믿어 의심치 않는다.

당신 같은 사람은 당신밖에 없다는 사실을 깨닫는다면 당신은 어떤 걸 받아들이게 될까? 무엇에 대해 더 이상 사과하지 않아도 될까? 당신이 문제 있는 사람이 아니라는 사실을 마침내 깨닫게 될까? 당신은 모자라지 않다는 사실, 어떤 모습이 될 필요가 없다는 사실, 싫은 것에 대해 '노'라고 말할 수 있고 당신을 반짝이게 할 일에 대해 '예스'라고 말해도 괜찮다는 사실을 깨닫게 될까? 당신은 있는 모습 그대로 100퍼센트 완벽하다는 사실을 알게 될까? 마음속으로 그려보자, 당신 안에 있는 그 엄청난 힘을!

당신이 자신의 특별함을 받아들일 수 있도록 선언문을 하나 만들었다. 선언문은 이렇게 시작한다.

나 자신을 사랑하라. 마음과 영혼을 모두 다 바쳐 사랑하라. 나를 사랑하는 일이 어려운 날도 올 테지만 그것 역시 괜찮다. 전날 자신을 버려뒀다면 다음날엔 다시 그 자리에서 자신을 찾으라. 이 아름다운 지구에서 우리에게 주어진 시간은 짧다. 그 시간을 원하는 일을 하는 데 쓰라. 어떤 일을 해야만 한다는 생각이 들 때면 혹시 다른 사람들이 하기 때문에, 혹은 그들이 당신에게 해야 한다고 말했기 때문에 하려는 건 아닌지 잠시 멈춰 서서 생각하라. 당신에게 중요한 것은 그 누구도 아닌 당신이 중요하다고 생각하는 것이어야 한다. 당신의 기분과 가치를 타협의 대상으로 삼지 말라. 만일 그랬다 하더라도 스스로에게 '거봐, 그럴 줄 알았어'라고 말하지 않겠다고 약속해라. 마음과 영혼의 목소리에 귀를 기울여라. 그 목소리는 종종 속삭임으로 찾아온다. 목소리를 따르면 당신은 결코 실망하지 않으리라.

나 자신을 사랑하라.
마음과 영혼을 모두 다 바쳐 사랑하라.

당신은 그 모습 그대로 특별하다. 온 지구에, 아니 온 우주에 당신과 똑같은 영혼은 없다. 이 깨달음으로부터 달아나려 하지 말고, 온전히 받아들이기 위해 최선을 다하자. 당신은 그 자체로 완벽하다. 누군가 당신의 모습을 싫어한다면 다시 한 번 말하지만 그건 당신의 문제가 아니라는 사실을 기억하자. 그건 다른 누군가의 의견이자 그 사람이 가진 불안정의 발로일 뿐이다.

다른 사람의 마음이 다치지 않게 최선을 다해 노력하자. 당신도 인생을 살아가는 동안 적어도 한 번은 마음이 부서질 일이 생길 것이고 그 아픔을 알게 될 것이다. 우리 모두는 마음에 상처를 안고 살아간다. 상처는 우리를 인간답게, 아름답게, 특별하게 만들어준다. 틈만 나면 자기 자신을 용서하라. 그래야 한다면 매일이라도 하자. 당신은 앞으로도 너무 많은 시간을 스스로를 몰아붙이는 데 쓰게 될 것이다. 그러니 자신에게 잠시 여유를 주자. 당신이 모든 일을 다 할 필요는 없다. 특히나 동시에 모든 일을 할 필요는 더더욱 없다. 다른 사람들이 다 그렇게 살고 있다는 생각이 들어도 내 말을 믿으라, 그건 사실이 아니다. 모두가 힘겹다. 겉으로 아무리 완벽해 보여도, 사실은 모두 힘이 든다. 누가 봐도 멋있는 여성들은 뭐든지 너무 쉽게 해내는 것 같지만, 사실은 그들도 힘이 부치고 상처도 받는다. 게다가 그들도 당신처럼, 나처럼, 두려워한다.

마지막으로, 다른 여성들을 인정하라. 그들을 연민하라. '못된 여자애들' 역시 상처는 받는다. 그러니 그들을 싫어하지 않으려고 노력하자. 그런 측면에서 이 세상에 혐오 받아 마땅한 사람은 없다. 그 어떤 사람도, 그 어떤 기관도, 그 어떤 생각도 혐오의 대상이 되어서는 안 된다. 친절과 사랑은 당신의 꿈이 향하는 곳이 어디든 당신을 그곳으로 데려다줄 것이다. 특히 당신이 스스로를 사랑하고 스스로에게 친절할 때 더욱 그렇다.

이제 나와 함께 마음속에 씨앗을 하나 심어보자. 그 씨앗은 '나는 나야. 나는 멋지고, 당당하고, 용감하고, 내 모습 그대로 사랑스러워'라고 말한다.

그래, 그게 바로 당신이다.

31

행동하지 않는
창의력은 없다

창의력과 열정. 이 둘의 만남은 마
치 불과 기름의 만남과도 같다. 이 둘을 한데 모으면 당신은 성난 불
길처럼 활활 타오를 수 있다. 물론 좋은 쪽으로.

자기 안에 내재된 열정이나 신이 주신 창의력 따위엔 관심 없다
면 이번 장은 건너뛰어도 좋다.

친애하는 독자들이여,

'인생은 그저 살아가는 것(전 세계의 다양한 가수들이 'Life is for
living'이라는 제목의 노래를 만들어 불렀다-역자 주)'이라니, 그런 말
은 머릿속에서 지워버리자.

인생이란 그 목을 움켜쥐고 이를 갈며 '이건 내 인생이야. 내가

가진 모든 힘을 다해 내 인생을 살아갈 거야. 그 누구의 허튼소리도 듣지 않을 거고, 소심하고 안정적인 길을 걷지도 않을 거야. 내가 멋진 사람이라는 사실을 인정할 거야. 나는 실패를 딛고 일어설 수 있어. 얼굴부터 넘어져 깨진다 해도 나는 다시 일어설 수 있어' 라고 말해야 할 대상이다.

(그래, 조금 오버했다는 건 인정한다. 하지만 핵심이 무엇인지는 파악했을 거라 믿는다.)

타고난 창의력을 발휘하는 일은 멋진 인생과 영감으로 가득 찬 순간들을 위해서 꼭 필요한 부분이다. 당신의 창의력에 자주 불을 밝히는 일이야말로 최고의 당신으로 거듭나는 데 필요한 연료다.

흔한 속설을 반박하자면 창의력은 운 좋은 몇 명만 타고나는 특별한 선물이 아니다. 우리는 모두 창의력을 지니고 태어난다. 그러나 인생의 어느 시점엔가 창의력은 그 존재가 잊히거나 우리에게서 달아나버린다. 여기서 달아난 창의력을 되찾을 방법을 몇 개 소개하겠다.

- **감사의 마음을 연습하라.** 뒤에서 따로 얘기하겠지만, 감사는 힘이 세다. 감사의 마음을 연습하면 기분이 좋아지고 자기애가 샘솟는다. 감사하는 마음을 가질 때, 진정으로 내가 원하는 일이 무엇인지 알게 될 뿐 아니라, 불꽃을 일으킬 준비를 마치고 기다리던 창의력에 마침내 불이 붙는다.

- **책을 읽고, 영화를 보고, 연극도 보자.** 이때 핵심은 주제를 가리지 않고 모두 소화하는 것이다. 모험극, 유머, 드라마 어떤 장르든 좋다. 이야기는 당신의 생각이 하나에만 머무르지 않도록 뇌를 깨운다. 만일 당신의 장르가 음악이라면 음악으로도 가능하다. 창의적인 펑크 음악 제작에 나섰다면 디스코를 들었다가, 고전 록 음악도 듣고, 80년대 음악도 들어보자. 그러면 스트레스와 고정관념은 사라지고 원하는 프로젝트에 마음껏 창의력을 발휘할 수 있게 된다.

- **독서 모임이나 글쓰기 모임에 가입하자.** 사실 창의력을 발휘할 수 있다면 어떤 모임이라도 좋다. '나와 비슷한 류'의 사람들과 함께 하면 당신의 창의력에는 불이 붙고, 영혼은 끓어오른다.

- **명상과 요가는 당신에게 고요한 시간을 준다.** 때때로 머릿속이 한꺼번에 너무 많은 생각으로 가득 찰 때가 있다. 마치 컴퓨터 화면 위로 2974개의 윈도우 창이 한꺼번에 열리는 것과 비슷해 어느 한 가지만 골라내는 것도, 생각을 계속 해가는 것도 불가능하다. 명상과 요가는 그 모든 것을 진정시키고, 생각을 정리한 뒤 다시 창의력을 발휘할 수 있게 해준다.

- **어린아이가 되어라.** 아이들의 상상력과 창의력은 끝을 모르고 줄줄 새어 나온다. 색칠공부 책에 마지막으로 색을 칠해본 게 언제인가? 마지막으로 레고를 가지고 놀았던 때나 지점토를 빚어본 일은? 단, 이 놀이들을 할 때 염두에 두어야 할 점이 있다. 바로 내 안의 어린아이를 되살리는 것. 솔직히 말하면 나는 점토를 만지작

거리다 보면 좀이 쑤셔 참을 수가 없다. 어릴 때에도 점토 놀이를 좋아한 적이 한 번도 없으니까. 그래서 점토는 내 창의력을 발현시키는 데 전혀 도움이 되지 않는다. 하지만 분수의 물줄기 사이를 뛰노는 일은 전혀 다른 효과를 냈다. 당신을 어린아이처럼 즐겁게 하는 게 무엇이든, 그걸 해보도록 하자.

하나 더. '창의 활동'과 '창의적인 사람이 되는 일'을 어렵게 생각하지 말자. 나는 한동안 창의적인 사람이란 예술가나, 극작가, 하다못해 자신의 손가락 색칠 그림을 자랑스럽게 들어 올리는 유치원생에게나 어울리는 말이라고 생각했다.

그러나 개인으로서 당신이 자기 자신을 표현하는 것 역시 창의 활동이 될 수 있다. 나 스스로를 창조해내는 데 창의력을 발휘할 수 있고, 내가 원하는 나, 내가 원하는 운명을 창조해내는 데도 창의력이 쓰일 수 있다(다만 그러기 위해서는 '내가 되어야 하는 모습'이 아니라 '있는 그대로의 나'의 모습을 믿어 주어야 한다).

창조, 혁신 같은 활동은 당신 인생의 연료가 된다.

당신만의 혁명, 당신만의 불길을 일으키자. 지금 시작하라.

32

Good bye, 피해 의식
Hello, 내 인생

　　'엉망진창 힘든 인생'이라는 이야기의 주인공이 있다. 그녀의 인생에는 되는 일이 하나도 없는데, 그건 또 언제나 다른 사람들 때문이다. 마치 사람들이 그녀의 삶을 망치기 위해 노력하기라도 한다는 듯 그녀는 모두가 자신을 괴롭힐 기회만 보고 있다고 생각한다. 또한 그녀는 처음부터 손에 쥔 패가 나빴기 때문에 인생이라는 게임에서 자신은 절대 남보다 앞서나갈 수 없다고 생각한다.

　　방금 읽은 것이 당신의 자서전 같다면 계속 읽으시라. 친구여, 이번 장은 당신을 위한 장이다.

　　피해 의식은 당신의 자아를 좀먹게 한다. 대부분의 경우 쓸데없이 자신의 힘을 타인에게, 처한 상황에, 분위기에 양도한다. 남에게 줘버리고, 변기에 쏟아붓고 물을 내리기 일쑤다.

일어날 일은 일어나기 마련이다. 안 좋은 일도 일어나기 마련이다. 인생을 살다 보면 누구에게나 불쾌한 일에서부터 그야말로 재앙에 가까운 일들까지 일어나기 마련이다.

피해 의식은 당신과 당신 주변의 사람들을 잠식해가면서 제 몸집을 더 크게 불린다. 당신이 불평을 거듭하고 난 원래 안 된다고 확신하면 할수록, 불평은 늘고 실패는 쌓일 수밖에 없다. 심지어 다른 사람들이 당신의 인생을 멋진 인생이라고 보든, 인생에 상승세가 불어오든 상관없이 당신은 자신의 인생을 싫어하게 된다.

피해 의식은 마치 시스티나 성당(Cappella Sistina, 바티칸에 위치한 교황의 개인 성당. 미켈란젤로가 그린 전설적인 프레스코화가 천장에 그려져 있다-역자 주) 바닥에 놓인 껌 종이와 같다. 대부분의 사람들은 자신을 둘러싼 아름답고 경이로운 작품에 집중하느라 그 껌 종이에는 아무런 관심도 없다.

하지만 그때 온통 쓰레기에만 관심 있는 사람이 등장한다. 그는 그 쓰레기에 대해 불평하고, 모두에게 쓰레기에 대해 말하느라 정작 시스티나 성당의 아름다움은 놓치고 만다. 결국 예술작품에 대해서는 아무것도 기억하지 못하고, 그에게 남은 기억이라고는 온통 껌 종이에 관한 것뿐이다. 그가 껌 종이에서 시선을 돌려 주위를 둘러봤더라면 그는 전혀 다른 공간을 발견할 수 있었을 것이다. 그 광경을 봤다면 아마 그도 잠시 숨을 멈추고 경외심에 잠기지 않았을까?

요점은 관점을 전환할 선택권이 언제나 당신에게 있다는 것이다.

껌 종이인가 시스티나 성당인가?

인생 앞에 펼쳐진 무한한 기회인가 상황에 대한 피해 의식인가? 피해 의식은 내가 나에게 안긴 고통이다.

자기 자신에게 '고통에 집착하면서 내가 얻는 건 뭐지?'라고 물어보라.

뼈아픈 진실은 하나 더 있다. '사람들은 피해자처럼 구는 사람을 피한다'라는 것이다. 피해 의식은 당신을 지치고 슬프게 한다. 피해 의식은 당신을 감정적으로 착취한다. 피해 의식은 재밌지도, 신나지도, 즐겁지도 않다.

나 역시 힘든 시기를 맞이한 당신이 무척이나 안쓰럽다. 하지만 그 고통을 끝내고 싶다면 주위에 바꿀 게 뭐가 있는지 찾지 말고 내가 먼저 변하자.

다음과 같은 주제들이 이제는 슬슬 익숙하게 들릴 것이다. 자꾸만 반복해서 이야기하는 이유는 이 이야기들이 진실이고, 중요하기 때문이다.

1. **자신의 한계점을 긋자.** 지치기도 지쳐버린 그 지점을 정하라. 피해 의 식에 갇힌 현실을 부정하고 있다면 지금이 바로 깨닫는 순간이길 바란다. 모래 위에 선을 하나 긋고 이제 할 만큼 했다고 선언하자. 모든 게 당신에게 달려 있다는 사실을 인정하고, 이 감옥에서 벗어 나게 해줄 열쇠가 당신의 손에 들려 있다는 사실도 인정하고 나면 결국 당신은 그 문을 열고 감옥에서 탈출할 수 있다.

2. **자신의 인생에 책임지자.** 당신이 스스로를 피해자라고 생각하기로 했 기 때문에 당신은 스스로를 피해자라고 느끼는 것이다. '나에게 이 런 일이 일어나다니 정말 절망스러워'라고 생각하는 대신에 '이런 일이 일어나다니 정말 유감이야'라고 생각해보는 건 어떨까? 정말 쉽지 않은가? 아주 조금 바꾼 것뿐이다. 이렇게 생각하면 그 일은 이제 '당신'에게 일어난 일이 아니라, 그냥 일어난 일이 된다. 시작 부터 산이라도 옮기겠다는 거창한 생각과 허황된 결심을 하지는 말자. 천천히 시작하고, 거기서부터 한 발 한 발 나아가자.

3. **조금씩이라도 나아가기 위해 할 수 있는 일이 무엇인지 자문하자.** 처음부터 극적인 발전을 이룰 필요는 없다. 그저 '나는 더 이상 피해자가 아 니야'라는 선언에 그친대도 괜찮다.

이 세 가지 단계로 시작해보라. 피해자가 주인공인 케케묵은 이 야기는 이제 과거일 뿐이라고 선언하자. 아마 어떤 사람들은 자신 이 날 때부터 부정적인 성격으로 태어났다고 주장할지 모른다. 하지만 난 그 말에 동의할 수 없다. 스스로 비관주의자라고 느꼈다면 이제는 당신도 변할 수 있다는 걸 깨닫길 바란다.

이런 종류의 책들을 읽고, 지지 단체에 가입하고, 당신의 우울증이나 불안에 약물 치료가 필요한 건 아닌지 의사와 상담하고, 식습관을 바꿔보자. 단, 변명이나 거짓말은 안 된다.

당신은 최선을 누릴 자격이 있는 사람이다. 그리고 피해 의식은 최선이 아니다.

33

어떤 삶을 살든
자신을 응원하자

사랑하는 사람에게 배신을 당할 때마다 나는 상처 받았고, 슬펐고, 두려웠고, 분노했고, 수치스러웠고, 모욕감과 배신감을 느꼈다. 그리고 어느 시점에 이르러서는 나 자신을 '망가졌다'고 묘사하기 시작했다.

그래, 정말 '망가졌다'고 했다. 그런데 나를 망가뜨린 건 누구였을까? 아니, 무엇이었을까? 전 남편? 바람피운 행위? 남편의 상대 여성? 그 상황? 나는 아직도 내가 그 답을 알고 있었는지 확신할 수 없다. 하지만 내게는 손가락을 세워 그를 탓하고, 그가 한 짓이 나를 망쳤다고 비난하는 편이 쉬웠다. 그건 비록 효과는 없었지만 그를 상처 주기 위해, 피해자로 남기 위해 내가 택한 방법이었다. 사람들의 동정을 사기 위해, 그리고 그들을 '내 편'으로 만들기 위해 선택한 방법이었다.

효과가 있었냐고? 별로.

과거를 정리하고 앞으로 나아가는 데 도움이 되었냐고? 아니.

그때나 지금이나 내가 멋진 사람이라는 사실을 재확인하는 데 도움이 되었냐고? 아니, 절대 아니다.

어떤 일이 당신에게 일어났든 아니면 당신의 실수로 상황이 빚어졌든 이 점을 기억하자. 당신은 인간이다. 그래서 어떤 감정을 극복하는 데에는 시간이 걸리고, 때때로 여러 차례 노력을 반복해야만 이내 감정을 극복할 수 있게 된다. 그 감정에 만료일을 지정할 수도, 당신이 원하는 날을 감정의 마감일로 정할 수도 없다.

스스로에게 이 말을 가능하면 자주 해주자. **내가 누구이든, 어떤 일을 저질렀고 어떤 상황을 겪었든 나는 사랑과 인정, 우정을 누릴 만한 가치가 있는 사람이다.** 나는 '부서지지도', '망가지지도' 않았다(자신이 진심으로 부서졌거나 망가졌다고 생각한다면 이 책의 마지막 장을 먼저 읽어도 좋다). 감정이 상할 수 있고, 후회를 할 수도 있지만, 신성한 존재인 나는 무슨 일을 겪었든 그 자체로 완전하며, 상상할 수 없을 정도로 아름답다.

혼자서 혹은 다른 누군가에게 이런 이야기를 해본 적이 있는가?

"글쎄, 만약 아무개가 내게 _____ 하지만 않았더라면, 난 _____가(이) 될 수 있었을 거야. 그럼 난 _____ 했을 테고.

하지만 그럴 수 없지. ＿＿＿＿＿가(이) 날 망쳤기 때문이야."

당신에게 어떤 기분을 느끼게 할 만큼 전지전능한 사람은 없다. 그 기분은 매 순간 당신이 정하는 것이다. 당신의 생각, 다른 사람의 행동에 대한 당신의 반응, 머릿속에 떠오른 생각에 대한 당신의 집착, 그리고 거기서 파생된 당신의 믿음이 당신의 기분을 결정한다. 그건 누군가의 말이나 행동이 할 수 있는 일이 아니다.

절대로.

누군가가 당신에게 상처 준 그때를 잠시만 떠올려보자. 화가 나는가? 마음 아픈가? 두려운가? 그런 기분을 느끼는 것 자체는 전혀 이상한 일이 아니다. 하지만 그 기분 때문에 자신에 대해 부정적으로 생각하게 되거나, 자신에게 도움이 되지 않는 결정을 내리게 된다면 여기 당신이 해야 할 일이 있다.

과거에 있었던 일에 대한 부정적인 감정들이
미래를 향한 당신의 발걸음을 가로막지 못하게 하라.

누구나 자신의 짐을 지고 있다. 누구에게나 과거는 있다. 당신의 과거가 어떤 모습이든 당신이 이루어야 할 꿈을 가진 사람이라는 사실은 변하지 않는다. 당신은 사랑받을 자격이 있다. 당신의 목표가 무엇이든 그것은 전 인류에게 중요하다. 당신은 영웅이라는 사실을 잊지 말자. 당신은… 정말 끝내주게 멋진 사람이다.

34

완벽주의에게
말 걸기

솔직히 말하자면 이번 장의 주제는 내게 가장 어려운 주제이기도 하다. 나한테도 완벽주의는 독이 든 사과와 같았으니까. 하지만 이번 장에서 다룰 '하루에 한 번' 훈련으로 나는 과거의 모습에서 아주아주 멀리 떠나 왔다고 자신 있게 말할 수 있다. 당신 역시 나처럼 하게 될 것이다.

이 책을 읽고 있다는 건 당신이 스스로에 대해 더 잘 알고 싶고, 스스로 성장할 수 있는 방법을 찾고 있으며, 훌륭한 인생을 살기를 원한다는 뜻이다. 그렇다면, 완벽주의는 반드시 내려놓아야 한다는 내 말을 믿어주길 바란다. 아마 이미 아는 얘기겠지만 말이다.

문제는 나도 그걸 잘 알고 있다는 데 있다. 머리로는 완벽함 따위는 존재하지 않는다는 사실을 이해하고, 완벽주의는 더 큰 불안과 부정적인 자기 대화self-talk, 그리고 절망을 낳을 뿐이라는 사실도 알고 있다. 하지만 완벽주의는 우리 중 대다수의 기본 목표 안으로 진입할 기회를 호시탐탐 노린다.

완벽주의는 '모 아니면 도' 식의 흑백논리로, 완벽하지 않을 거면 처음부터 시작도 하지 말라는 사고방식이다.

완벽주의 때문에 손해 보는 여성들을 보면 그들은 대체로 원하는 일을 완벽하게 해내지 못할까 두려워 애초에 일을 시작조차 하지 않는다. 두려움, 비교, 부정적 자기 대화, 그리고 여성들에게 억압적인 오늘날의 문화까지 모두 더해져 엎친 데 덮친 격이 된다.

한때 최고를 추구하고, 목표에 도전하던, 야심 찬 여성이었던 우리는 어느 시점엔가 선을 넘어, 나를 억누르는 부담에 질식해가는 완벽주의자로 변모했다.

그렇다면 그 전환이 이루어지는 '시점'은 언제이며 그 선을 넘지 않으려면 어떻게 해야 할까?

첫 번째 단계는 '완벽함'은 당신의 약한 영역 중 하나일지 모른다는 사실을 인정하는 것이다. 완벽주의자에게 '완벽주의자가 되려고 하지 마라!'라든가 '완벽할 수 없다는 사실을 받아들이라!'는 말을 하는 것은 주로 패스트푸드로 한 끼 식사를 때우는 사람에게

1시간 안에 정찬 10인분을 차려내라고 요구하는 것과 같다. 이것은 그들의 불안을 증폭시킬 뿐이며 그 말이 먹힐 리도 없다는 뜻이다.

그러나 완벽하기란 어렵다는 사실을 깨닫고 인정하는 것만으로도 도움이 된다. 물론 내면의 완벽주의자이자 비관주의자는 난동을 피우며 소리를 질러댈 것이고, 완벽하게 손질한 손톱을 세운 채 당신에게 달려들 것이다. 이건 정말 어려운 일이지만 '나는 나를 사랑하니까 기꺼이 노력할 거야'라거나, '완벽주의는 나의 아주 큰 부분을 차지하긴 하지만, 나를 위한 건 아니야. 나는 하루하루 변해갈 준비가 됐어.' 등의 말을 스스로에게 해주자. 이때 중요한 건 스스로에게 다정해져야 한다는 것이다.

두 번째로 내면의 완벽주의자를 의인화하자. 내 완벽한 완벽주의자는 나 역시도 완벽해지기를 바란다. 나는 그녀를 '못된 것'이라는 이름으로 부르며 그녀가 나타날 때마다 마네킹 같은 생김새를 가진 사람으로 의인화한다. 흐트러짐 하나 없고, 불가능할 정도로 날씬하며, 장신구를 주렁주렁 달고 있지만 대체로는 대머리이고, 내부는 텅 비어 있는 마네킹 말이다.

당신의 완벽주의자는 영화 속 주인공이나 헤어진 남자친구 또는 여자친구, 어쩌면 당신 어머니의 모습을 하고 있을 수도 있겠다. 당신의 완벽주의자가 흉측한 머리를 치켜드는 걸 느낄 때, 당신이 생각해낼 수 있는 캐릭터로 형상화하려고 노력하자. 이 훈련을 하는 목적은 완벽주의자의 목소리와 진정한 당신의 목소리를 분리하는 것이다. 내 존재의 모든 것을 걸고 장담하건대 완벽주의자의 목소리는 진정한 당신의 목소리가 아니다.

그건 약속할 수 있다.

세 번째는 바로 내면의 완벽주의자에게… (마음의 준비됐는가?) '연민'을 보이는 것이다. 완벽주의자의 문제는 두려움을 느낀다는 것이다. 그녀는 자신이 바보 같고 어리석어 보일까 봐, 틀릴까 봐, 충분히 잘 해내지 못할까 봐, 충분히 똑똑하지 못하거나, 빈칸을 모두 채우지 못할까 봐 정말 두려워한다.

그 두려움을 피하기 위해 그녀가 당신에게 요구하는 것은 다름 아닌 완벽함이다. 그러나 껍데기를 한 겹 벗기고 실체를 들여다볼 수 있다면 당신은 더 이상 그녀를 피하고 싶기는커녕, 오히려 엉덩이를 뻥 차주고 싶을 것이다. 혹은 그녀가 얼마나 잘못된 생각을 하고 있는지 타일러주고, 안아주고, 쉴 시간을 주고, 모든 게 다 잘될 거라고 말해주고 싶어질 것이다.

그러니 이렇게 하기로 하자. 완벽주의 때문에 주저하게 될 때, 혹은 어떤 일에 최고가 되지 못한 자신에게 못된 말을 하게 될 때, 상처받은 당신의 다른 면을 보듬어주자. 인생이 늘 힘든 시간의 연속인 건 아니다. 당신을 위한 충분하고 마땅한 여유도 주어진다.

이 시간 동안 당신은 과거를 극복하고 더 나은 사람이 되기 위해 자신의 절대적인 사랑과 관심을 필요로 하는 당신의 다른 부분들을 돌보아야 한다.

나의 정신적 스승과 동료들이 완벽주의에 대해 남긴 말 중 내가 가장 좋아하는 몇 가지를 당신에게도 들려주고 싶다.

- '부족함이 무능함을 의미하는 것은 아니다. 그것은 다만 우리 모두가 서로를 필요로 한다는 사실을 상기시키는 지표일 뿐이다.'
  -브레네 브라운

- '완벽하지 않다는 것은 발전 가능성이 대단히 크다는 것을 의미한다. 모든 것을 알고 있는 사람에게는 성장 따위는 필요하지 않다. 그리고 내게 성장은 즐거운 일이다… 성장통을 겪는 순간까지도.'
  -타냐 가이슬러

- '나 같은 우뇌 형 완벽주의자들은 쉽사리 인정할 줄을 모른다. 하지만 부족함은 내게 인정하는 법을 가르쳐주었다. 나는 나의 부족함을 이렇게 이해하기로 했다. 나는 절대 완벽한 요리사나 완벽한 엄마가 될 수 없으니 그렇게 되려고 노력하지 말자. 내 아이들에게 진심을 다하는, 사랑이 넘치는 엄마가 되고 싶다.' – 멜리사 와디

- '나는 완벽하지 않은 내가 좋다. 앙코라 임파로(ancora imparo, 나는 지금도 배우고 있다)는 내 인생의 모토다. 부족함이란 내가 내게 주는 자유 이용권 같은 것인데, 거기엔 이렇게 쓰여 있다.

'이봐, 난 정말 최선을 다하고 있다고.' 만약 당장 내 묘비명을 작성해야 한다면 나는 두 단어만 쓰고 싶다. 〈그녀, 노력하다.〉'

–에이미 유셀

- '부족함은 전 세계 모든 사람들과 내가 가진 공통점이다.' –애슐리 폴솜

- '내가 모든 것을 알았더라면 이곳에 있을 이유가 무엇인가? 부족함이야말로 내 인생에 의미와 목적을 준다. 부족함이 내 인생의 여정에 선사한 우여곡절이 너무 흥미로워서 심지어 목적지에 도달하고 싶지 않을 정도다.' –안젤라 로리아

35

나쁜 사람인 줄 알면서 연애하는 당신에게

이번 장의 주제를 내가 특별히 아끼는 이유는 실제 내 인생의 경험에서 나온 이야기이기 때문이다. 몇 년 전에 나는 서로에게 해로운 관계의 한쪽을 담당했다. 나는 존중받지 못했고 그러면서도 '곧 변하겠지' 하면서 몇 년 동안 관계에 매달려 있었다. 떠나기엔, 다시 시작하기엔, 혼자 남기엔 너무 두려웠다. 30대를 혼자 보낼 생각을 하니 겁이 났다.

나는 사랑에 빠져 환상을 갈망했고 거기에 중독되어 있었다. 매일 아침 눈을 뜰 때마다, 오늘이 내 환상이 실현되는 날이기를 바랐다. 그래서 결국 실현됐냐고?

아니.

절망적인 내 인생에 대해 누군가를 탓하는 일을 그만두고 나서야, 시야가 보다 선명해졌고 마침내 과거를 극복할 수 있었다. 과거의 나처럼 상대방이 변하기를 기다리면서 관계 속에 머무르는 사람들을 수도 없이 보았다. 혹시 상대방의 태도가 바뀌기를 바라고 소망하던 어느 날 짜잔! 하고 정말로 원하는 대로 상대방이 바뀐 경험을 한 사람을 몇 명이나 알고 있는가? 그동안의 모든 잔소리와 애원, 불평이 먹혀 들어간 경우 말이다.

아마 한 사람도 없을 것이다.

앞서 말한 것처럼 당신이 통제할 수 있는 유일한 사람은 바로 당신이다. 그리고 당신을 불행하게 할 수 있는 유일한 사람 역시 당신뿐이다.

만일 당신의 연인이 당신을 함부로 대한다면 이걸 기억하자. 이 관계가 나아지지 않을 걸 알면서도 그 관계에 매달려 있는 사람은 바로 당신이다.

당신이 그 관계에 머무는 이유는 '만에 하나…'라는 생각에 집착하기 때문일 것이다. 만에 하나 그가 프러포즈 한다면, 만에 하나 그가 취직을 한다면, 만에 하나 그가 더 이상 바람을 피우지 않는다면, 만에 하나 그가 술을 끊는다면.

당신이 '만에 하나'라는 생각을 붙들고 있다면 기억하자. '만에 하나'의 뒤를 잇는 생각들은 당신이 상상으로 만들어낸 환상일 뿐이며, 그 환상은 당신이 받아 마땅한 사랑과 존중을 절대 보장하지 않는다.

한 가지 더. 당신이 갈망하는 것이 정말 상대방인가… 아니면 '만에 하나' 일어날 일들에 대한 환상인가? 상황이 전혀 변하지 않고 지금처럼 계속됐을 때 그 이야기는 당신이 원하는 결말을 맺을 수 있을까? 만약 그렇게 생각한다면 당신은 언제까지 기다릴 작정인가? 10년? 아니면 영원히?

계속 반복해서 말하지만 당신은 사랑받을 자격, 존중받을 자격이 있다. 그리고 그 사랑과 존중은 당신에게서 먼저 나와야 한다. 스스로를 진정으로 사랑하고 존중하는 당신은 결코 파괴적인, 망가진 관계에 머물지 않는다. 내가 이토록 확신하는 이유는 나 역시 과거에 그런 관계 속에 머물렀고, 당시의 나는 스스로를 사랑하지도 존중하지도 않았기 때문이다. 그럴 수 있기를 무척 바랐지만 그 방법을 알지 못했다.

그렇다면 당신은 어떻게 하면 좋을까?

1. **자신을 존중하는 방법을 정확히 알지 못해도 괜찮다.** 악순환의 회전 속에 빠져 있으면서도 어떻게 나갈지 몰라 몇 년째 헤맬 수 있다. 다만 그 회전목마에서 뛰어내리겠다고 하는 결심이 중요하다.

2. **관계에서 어떤 것을 참고 있는지 목록을 만들라.** 아마 마음속으로는 10만 번도 넘게 썼겠지만 그걸 종이에 적은 뒤 명명백백한 사실들을 직

접 들여다보라. 서로 공감하지 못하는 건 아닌지, 서로 존중하지 않는 것인지, 모두 목록에 담아보자.

3. **사랑과 존중 이외에 그 어떤 것도 감내하지 않겠다고 다짐하자.** 상대방이 당신을 존중하지 않거나 심지어 학대를 일삼는, 건강하지 않은 관계 속에 있다면 내 말 들어라. 상대방이 변할 가능성, 거의 없다. 그래, 가능성이 아주 없지는 않고 아마 0.005퍼센트의 확률로 변할 수도 있다. 하지만 수년간의 심리치료와 주변의 도움이 있어야 겨우 변화가 일어난다. 그리고 대체로, 관계란 거듭되는 변화를 통해 유지하는 것이 아니다. 인정하기 쉽진 않겠지만, 그래도 필요하니까 말한다.

4. **관계를 개선하고 싶다면 전문가의 도움을 받자.** 명심해야 할 것은 두 사람 모두 기꺼이 상담에 참여해야 할 뿐 아니라 상담에 혼신의 힘을 다해야 한다는 점이다. 혹시 상대방이 도움받기를 꺼려한다면 이런 말은 하고 싶지 않지만, 그건 둘의 관계에 도움이 필요한 이유가 상대방에게 있다는 의미이다(그리고 그 상대방은 진실을 마주하기가 두렵다). 그건 관계의 건강한 미래를 위해서도 좋은 신호가 아니다.

5. **스스로에 대해 더 많이 이해하자.** 당신이 인생에서 원하는 것이 무엇인가? 원하지 않는 것은 무엇인가? 스스로를 어떤 사람이라고 생각하는가? 어떻게 변하고 싶은가? 이 책이 당신이 스스로에 대해 더 많이 알아가는 데 도움이 되길 바란다.

마지막으로 한 가지 더… 아직 그 사람을 떠날 준비가 되지 않았다면 그건 정말 준비가 되지 않았다는 뜻이다. 뜻대로 되지 않는 관계에 대해 감내할 수 있는 고통의 정도는 사람마다 각기 다르다.

어떤 사람들은 정말 관계가 엉망진창이 될 때까지 그 관계에 머물기도 한다. 모래 위 어느 지점에 선을 그을 것인지, 어떤 것들을 더 이상 감내하지 않을 것인지는 당신이 결정해야 한다. 바라건대 이번 장을 통해서 당신이 적어도 현재 어떤 상황에 있는지, 어떤 것들을 참아왔는지, 당신의 미래는 어떤 모습이 되어야 할지에 대해 정확히 이해할 수 있었기를 바란다.

당신은 자신을 위한 눈부신 미래를 거머쥘 자격이 있으니까.

PART 03

답답한 나에서
자유로운 나로
GO WAY!

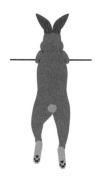

36

'나보다 예뻐'보다
'정말 예쁘다'로

　　　　　　　　　　자신을 누군가와 비교한 적이 있는가? 한 번도 없다고? 로봇 같으니라고. 그럼 다음 장으로 넘어가시라.

인간이라면 계속 읽어나가자.

당신이 생각하기에 완벽한 다섯 사람의 이름을 대보라고 한다면 당신은 지금 당장이라도 그 이름들을 줄줄 댈 수 있을 게 분명하다. 그들은 아름답고, 완벽한 부와 사랑을 가졌으며, 완벽한 인생의 주인공이다. 당신은 그들처럼 될 수 있으면 얼마나 좋을지 생각한다. 저런 완벽한 인생에 고통은 없을 거라고 확신한다.

남편이 다른 여자와 바람이 나서 나를 떠났던 정확히 그 시기에 브래드 피트가 제니퍼 애니스톤을 떠났다(정확한 정보는 아니지만, 내가 알기로 제니퍼는 브래드의 엉덩이를 발로 뻥 차 내쫓았다고 한다). 타블로이드 잡지에 실린 그녀의 얼굴을 보며 전 세계가 보는 앞에서 그런 고통을 겪는 건 얼마나 힘든 일일지 궁금했다. 무대 위에서 수모를 겪는 것과 다를 바 없지 않은가.

동시에 혹시 그녀가 나보다는 덜 힘들지 않을까 궁금하기도 했다. 어쨌든 제니퍼 애니스톤에게는 수백만 달러의 재산과 완벽한 몸매, 완벽하게 태닝한 피부, 완벽한 머릿결, 그리고 멋진 직업이 있지 않은가. 하지만 결국 나처럼, 그리고 당신처럼 그녀도 사람이라는 사실을 깨달았다.

물질이나 돈, 외모는 고통스러운 상황을 덜 고통스럽게 하는 데는 전혀 도움이 되지 않는다. 그리고 당신이 꼽은 완벽한 사람들이 지금 당장은 아픔이 없어 보여도 그들 역시 당신과 나처럼 고통과 아픔, 불안과 두려움을 겪었다.

조금만 비틀어 보면 사실 그들은 자신의 아픔을 감추는 데 선수인 것이다. 당신과 완벽한 사람들을 비교하기 전에 모든 사람은 각자의 방식으로 아픔을 겪는다는 사실을 기억하자. 당신에게 주어진 삶을 살아라. 그 삶이 당신에게 주어진 데는 이유가 있다. 고통이든 무엇이든.

'모든 사람의 문제를 한곳에 쏟아놓고 모두가 볼 수 있게 한다면 곧 내 문제는 도로 가져오고 싶어진다'라는 속담이 있다. 그리고 나는 이 속담이 정확하다고 생각한다.

당신의 생각이 뜨거운 김이 물씬 나는 '비교의 똥 무더기' 쪽으로 향할 때 당신을 도울 수 있는 몇 가지 도구들이 있다.

- 첫 번째는 내가 '꼬리표'라고 부르는 도구다. 우리는 '저 애가 나보다 예쁘다는 건, 내가 못생겼다는 뜻이야'라고 생각한다. 우리는 다른 사람에 대한 자신의 생각을 바탕으로 스스로에게 꼬리표를 단다. 이제는 꼬리표를 다는 대신 '만약 그게 아니라면…?'이라고 생각하는 건 어떨까?

  예를 들어 '저 애가 나보다 예쁘다는 건 그냥 저 애가 나보다 더 예쁘다는 뜻이야'로 바꿔볼 수 있다. 그러면 그 문장은 더 이상 아무런 의미도 가지지 않는다. 당신을 주눅 들게 하는 생각으로부터 긍정적이고 확신에 가득 찬 생각으로 단숨에 전환하려 노력하는 대신에, 그저 중간 지점인 중립 지대로 이동하는 것도 좋은 시작일 수 있다. 당신의 첫 번째 목표를 '생각의 전환'으로 삼는 것이다. '저 애는 나보다 예뻐'에서 '와, 저 애는 정말 예쁘다'로 바꾸면 끝난다. 중립 지대에서 편안함을 느끼게 되면 자신감은 절로 따라오게 되어 있다.

- 두 번째 도구는 '감사하는 마음'이다. 이 도구는 내가 종종 즐겨 찾는 수단이기도 하다. 스스로 비교의 늪에 빠졌다는 걸 느낄 때

그 생각을 멈추고 감사할 만한 일들을 가능한 한 많이 나열하자. 당신이 사랑하고 감사하는 일들로 생각이 홍수를 이루면 남과 자신을 비교하고, 자신을 깎아내리고, 스스로 다른 사람이었으면 어땠을까 하는 생각에 계속 집중하기는 어렵다.

- 두 번째 도구와 맞춘 듯 잘 들어맞는 세 번째 도구는 '자신의 성취 축하하기'다. 최근 당신이 이룬 일에 대해 스스로를 자랑스러워할 시간을 가진 적이 있는가? 한 번도 없다고? 만일 당신의 인생에 그 조각이 빠져 있다면 비교의 덫에 걸리기 십상이다.

- 미워하지 말고 인정하자. 얼마 전에 친구와 작은 식당을 찾아, 식당의 카운터 담당 직원에게 그곳의 음식에 대해 질문한 적이 있다. 그 직원은 아름다웠다. 화장기 없는 얼굴에, 피부는 매끄러웠고, 반짝이는 주근깨에, 맑은 눈을 가지고 있었다. 그녀가 샌드위치에 대해 열심히 설명하고 있는데, 내가 끼어들어 '정말 아름다워요!'라고 말했다. 내가 그녀보다 나이가 얼마나 더 많은지, 내 눈가에는 왜 이리 주름이 많은지를 비교하며 망상에 빠질 수도 있었지만 그러는 대신 나는 한 발 물러서서 그녀의 아름다움을 인정하고, 또 그렇다고 이야기도 해주었다.

우리는 모두 보석과, 석양, 예술 작품의 아름다움을 인정한다. 우리가 다른 여성의 아름다움을 인정할 수 있다면, 그녀의 성공을 축하해줄 수 있다면, 우울해질 이유를 찾는 대신 함께 기뻐해줄 수 있다면 어떨까?

비교는 완벽주의와 연관되어 있다. 하지만 나보다 더 강하고, 예쁘고, 돈이 많은 사람은 언제나 있기 마련이며 그 사실은 변하지 않는다. 나 자신을 비교할 대상은 언제나 있을 것이다. 생각이 걷잡을 수 없이 커져 스스로를 주눅 들게 하고 그래서 나 자신을 부정적으로 생각하게 되기 전에 그 생각을 붙잡자. 대신에 당신의 눈앞에 있는 대상과 자신을 분리하고, 눈앞의 것을 그 자체로 인정하자.

37

C+짜리 하루도
내 인생을 바꿀 수 있다

몇 년 전 어느 날, 나는 인생 상담 코치 양성을 위한 주말 훈련 세션에 참석했다. 그 바로 다음 주에는 내 결혼식이 있었다. 그러니 몸은 주말 훈련에 참석했지만 정신은 온통 다른 데 팔려 있었고, 그래서 나의 내적 갈등은 최고조에 이르러 있었다. 눈앞의 과제에 집중하려 하면 할수록 내 마음은 다가올 결혼식에 대한 생각으로 달려갔다.

쉬는 시간에 나는 지도사에게 다가가 내 상황에 대해 설명했다. 그녀는 잠시 생각하더니 "이번 주말은 C+를 받아도 된다고 스스로에게 여유를 좀 주면 어떨까요? A+를 받을 만큼 열심히는 하지 않아도 어쨌든 수업은 마치는 거예요"라고 말했다.

사실은 반대 상황이었어도 어느 쪽이든 제대로 해낼 수 없긴 마찬가지였을 것이다. 집중하지 못했을 거고, 아무런 도움도 안 되는 생각에 정신이 팔린 나 스스로를 비난했을 게 뻔했다. 그래서 마지못해 그녀의 충고를 받아들이기로 결정하고 조금은 마음에 여유를 두기로 했다. 즉 적어도 그 하루 동안은 우수 학생이 되기를 포기했다.

그러자 재미있는 일이 일어났다.

내가 생각했던 것보다 훨씬 더 편안한 마음으로 수업에 몰입할 수 있었던 것이다.

핵심은 우리 중 누구도 매 순간 모든 일에 전력투구할 수는 없다는 것이다. 우리는 터미네이터가 아니지 않은가. 누구에게나 일이 잘 풀리지 않는 날이 있고, 집중이 안 되는 날, 인생의 무게가 특히 더 무거운 날이 있다. 게다가 C+짜리 하루라는 건 어쨌든 관점의 문제이기도 해서, 달리 생각하면 '이만하면 충분해'라는 태도를 가지는 것으로 이해할 수 있다.

그래 이만하면 충분해.

그렇다면 당신에게 '충분하다'는 것은 어떤 의미인가? 어떤 일에 대해 얼마만큼은 해야 잘했다는 기분이 드는가? 어느 순간 당신은 '충분한' 것의 범주를 마음속에 정해놓거나, 어쩌면 누군가가 만들어놓은 기준을 채택하고 그것을 당신의 '충분함'의 정의로 삼아왔을 것이다.

문제는 많은 사람들이 '충분한' 것과 '완벽한' 것을 혼동한다는 점이다. 왜냐하면 대부분의 사람들이 생각하는 충분한 것이 실제로 그들에게는 절대 충분할 수 없기 때문이다. 그런데 '완벽'이라는 것은 사실상 존재할 수 없는 개념이기 때문에 이런 관점에서는 모두가 패배자가 될 수밖에 없다.

그렇다고 당신의 신념을 거스르고, 당신이 근본적으로 당연하게 추구하는 기준에 대해 가운뎃손가락을 치켜들고 '엿이나 먹어'라는 태도를 가지라는 뜻이 아니다. 하지만 기억하자. 완벽주의자의 C+짜리 하루는 현실적인 기준에서는 A에 가깝다. A인 날의 기준이 무엇인지 객관적으로 정하고, 그다음엔 당신이 '비현실적인 완벽주의'의 영역으로 넘어가게 되는 시점은 언제인지도 생각해보자. 이런 생각을 의식적으로 하기 시작하면 무엇이 당신으로 하여금 완벽을 좇게 하는지 인지하게 되고, 부정적인 생각을 조금 더 빨리 포착할 수 있다.

그렇다면 '충분해지는' 연습은 어떻게 하면 좋을까?

그 시작은 그렇게 하기로 마음먹는 것이다. 내가 이렇게 말하면 어떤 사람들은 내 얼굴에 주먹을 날리고 싶어 할지도 모르겠다. 하지만 당신이 생각하는 그런 것이 아니니 조금 더 들어보시길. 어느 날 아침에 결심한 대로 모든 게 이뤄진다는 의미는 아니라는 말씀.

먼저 당신이 '충분히 잘했는지'를 결정한 유일한 사람은 바로 당신 뿐이라는 사실을 인정하자. 아마 엄청난 힘이 생긴 기분이 드는 동시에 두려움도 밀려올 것이다.

나도 모르게 계속해서 완벽만을 추구하게 된다면 완벽함이 무엇인지에 대해 다시 정의를 내리자. 예를 들면 내가 첫 번째 철인 3종 경기 도전을 위해 훈련을 시작했을 때 나는 바다 수영이 너무 두려웠다. 원래 수영을 잘하지도 못했고, 바다에 대한 공포심도 있었다 (대체 그 안에 무엇이 있을지 누가 안단 말인가. 죠스라도 나오면 어떻게 하지? 수심은 얼마나 깊은 거야. 1000미터는 되는 거 아니야? 으악!). 게다가 나는 시간을 재며 기록을 단축하려고 노력했지만 그러느라 두려움이 점점 더 커졌고, 압박도 심해졌으며 경쟁심도 생겼다. 그리고는 참가하는 걸로 끝이 아니라 기왕 하는 김에 완벽하게 해내야겠다고 생각하기 시작했다. 당연히 재미있을 리가 없었다.

결국 이 경기를 완벽하게 해낼 수 없다는 것을 깨달은 나는 이 망할 경기를 마치는 것 자체를 목표로 재설정했다. 익사하지 않고, 바다 괴물에게 잡아먹히지 않도록 최선을 다하고, 기록은 의식하지 않고 그냥 끝까지만 가기로. 그리고 그 편이 훨씬 더 재미있었다. 정말이다. 그 경기는 나의 C+짜리 경기였고 그걸로 충분했다.

자기에게 친절하기 훈련은 어떤 것을 충분하다고 받아들이기 위한 최소한의 노력이다. 이 훈련법은 당신이 프로젝트에 참여하거나, 어떤 활동을 하거나, 어떤 결정을 내릴 때 '이건 이 정도면 충분해' 또는 나 스스로에게 '이만하면 난 충분한 사람이야'라고 반복해서 말해주는 것이다. 대체로는 하루에 한 번이면 충분하겠지만 1시간에 한 번씩 이 주문을 외워야 할 때도 있다. 이 훈련의 목적은 중간중간 자신에게 휴식을 주면서 계속 목표를 향해갈 수 있게 하는 것이다.

'자기에게 친절하기' 훈련은
어떤 것을 충분하다고 받아들이기 위한
최소한의 노력이다.

상담자들에게 추천하는 훈련법이 있다. 바로 내면의 완벽주의자나 비관주의자가 작성할 법한 '해야 할 일 리스트'를 만드는 것인데, 이때 주저해서는 안 된다. 당신이 얼마 전에 출산을 했대도 내면의 비관주의자는 당신이 어서 학교로 돌아가 석사 학위를 올해 안에 마쳐야 할 텐데라고 걱정할 수 있다. 그것도 목록에 넣자. 작년 소득이 3만 달러였대도 올해에는 더 성공해서 10만 달러를 벌어야 할 것 같은 조급함이 든다면 목록에 추가해도 좋다.

자, 이번엔 '현실적인' 할 일 리스트를 만들 차례다. 당신의 '이걸로 충분함' 목록 말이다. 나는 생각하는 대로 이루어진다고 믿는 사람이다. 그리고 목표 리스트를 만드는 것도 대 찬성이다. 하지만 그 목록은 당신을 기분 좋게 하고, 편안하게 하며, 평화로운 기분을 주면서도 에너지가 넘치게 만들어야 한다.

당신의 목표, 열망, 할 일 리스트가 당신에게 스트레스를 주어서도, 실패를 떠올리게 해서도 안 된다. 만일 그렇다면 그 목록은 당신의 비관주의자가 만든 것이다. 동기를 부여하고, 힘과 영감을 받길 원한다면 당신의 '이걸로 충분함' 목록이 그 일을 대신해줄 것이다. 비관주의자에게 내준 힘을 되찾아와 당신을 위한 목록을 만들어보자.

38

남의 말로
나를 규정하지 말라

이번 장에서는 타인의 시선을 통해 스스로를 평가하고, 자신을 규정하는 것에 대해 이야기하겠다. 많은 여성들이 내게 도움을 청하는 이유 중 하나가, 바로 외부적인 요소들을 자기 인정의 도구로 삼으려는 욕구 문제이다. 이들이 자신감을 느낄 때는 남들이 자신에게 좋게 이야기해줄 때뿐이었다.

나 역시 그런 여성들 중 하나였다. 솔직히 말하면 지금도 종종 그렇다.

먼저 인정을 받는 것은 정말로 좋은 일이라고 말하고 싶다. 그리고 타인으로부터 받은 칭찬의 말들을 중요하게 생각하는 건 전혀 문제 되는 일이 아니라는 말도 덧붙이고 싶다. 그러나 타인으로부터 인정을 받아야만 기분이 좋아진다면, 그리고 타인의 인정이 당신의 기본적 욕구가 되기 시작하면 그땐 문제가 된다.

이런 일이 만성적으로 지속되다 보면 당신은 기본적으로 자신의 힘을 다른 사람에게 넘겨주게 된다. 마치 꼭두각시 인형이 되는 셈인데, 대부분의 경우 인형의 줄을 잡은 사람은 자신이 그 역할을 맡았다는 사실조차 알지 못할 때가 많다.

꼭두각시 이야기가 당신의 이야기인지 잘 모르겠다고? 그럼 다음 목록을 통해 확인해보자.

- 칭찬을 바라고 행동한다.
- 새로운 머리모양과 옷, 혹은 당신이 한 행동을 누군가 알아차리지 못하면 속상하다.
- 당신의 자아를 쓰다듬어주는 사람들과 시간을 더 많이 보내려고 한다.
- 경쟁심이 강하다.
- 페이스북 친구가 몇 명이고, 얼마나 많은 댓글이 달렸으며 팔로워 수는 몇 명인지 등을 아주 중요하게 생각한다.

만일 이게 당신 얘기라면 어느 시점엔가 당신은 타인의 의견을 당신 자신의 의견보다 더 중시해왔을 것이다. 타인의 의견을 있는 그대로 소화하거나 받아들이지 않아도 당신에게는 스스로 생각할 수 있는 능력이 있다. 또한 당신은 스스로를 정의할 수 있는 능력과 모든 것에 대해 자신의 의견을 가질 능력을 타고났다.

남들의 의견에 의지하는 습관은 어린 시절에, 헤어진 혹은 현재의 연인으로부터, 동료 혹은 인생의 그 어느 것으로부터든 영향을 받아 형성되었을 수 있다. 이 습관에 대해 탓할 누군가를 찾자는 게 아니라 이 행동은 후천적으로 학습된 것이니 바꿀 수도 있다는 얘기를 하고자 한다.

인생의 마지막 날에 '무슨 일이 있었던 거지… 난 대체 누구였던 거야?'라는 의문을 가지고 싶지 않다면, 다음을 읽어보자.

오랜 시간 타인의 시선을 통해 스스로를 규정하고 있었다는 사실을 막 깨달은 사람들은 변화를 원해도 대부분 막다른 길에 가로막히고 만다. 왜냐하면 그들은 스스로 진정 원하는 것이 무엇인지, 나는 어떤 사람인지, 혹은 내가 진정으로 믿는 것이 무엇인지를 알지 못하기 때문이다(제 4장에서 다루는 '가치'와, 제 13장에서 다루는 '타협 불가 항목'이 특히 어려웠을 것이다).

다른 사람들의 의견을 통해 스스로를 정의했던 사람들 중 자신의 태도를 하루아침에 쉽게 바꿀 수 있었던 사람은 나를 포함하여, 지금까지 본 적이 없다. 갑자기 남의 의견에 신경 쓰지 않게 되거나, 느닷없이 자신을 인정하게 될 수는 없는 것이다.

자신을 인정하고 스스로를 정의하는 법을 배우는 데는 작은 단계들을 만드는 게 도움이 된다. 거장 마사 베크(Martha Beck, 미국의 사회학자이자 인생 코치-역자 주) 선생님으로부터 차용한 '〈사람들은 모두〉 위원회 들여다보기'는 아주 좋은 시작점이 될 것이다. 첫 번째 단계는 다음의 빈칸을 채우는 것이다.

- '사람들은 모두 내가 _____다고/라고 생각해.'
- '사람들은 모두 내가 _____하길 원해.'
- '사람들은 모두 내게 _____다고/라고 말해.'

빈칸을 전부 채웠다면 당신이 지칭하는 그 〈사람들〉이 정확히 누구인지 스스로에게 물어보자. 당신이 느끼기에 그렇게 '말할 것 같은' 사람들 말고, 실제로 그렇게 '말한' 사람들은 누구인가?

대부분의 사람들은 한 명 정도를 떠올리고, 여러 사람이라고 해도 여섯 명을 넘기지는 않는다. 때때로는 아무도 떠올리지 못할 때도 있다. 이것은 내가 어떤 사람이어야 한다고 생각하는지, 당신 스스로가 정의 내려야 할 때라는 신호다. 하지만 우린 왠지 모르게 어떤 한 사람의 의견이 이 세상 모든 사람들의 의견이라는 생각을 하게 되고 만다.

정말 말도 안 되는 생각 아닌가?

하지만 당신 역시도 그 몇 안 되는 〈사람들은 모두〉 위원회 주인공들의 인정을 직간접적으로 구하고 있을 가능성이 높다. 이 사실을 인지하고 인식하는 것만으로도 타인을 통해서만 인정 욕구를 충족하려는 습관에서 벗어날 수 있다. 그리고 주위에 어떤 사람들을 둘지 선택하는 건 바로 당신이라는 사실도 기억하자. 필요하다면 새로운 위원을 임명하라.

우리가 기분 좋기 위해 하는 행동들이 사실은 안정감을 얻는 수단이기도 하다는 데 나 역시 동의한다. 자신의 정의에 따라 스스로를 인정하는 것이 '불안'하게 느껴질 수 있다. 그건 당신이 자신의 본능을 신뢰한 경험, 인생에서 진정 원하는 것이 무엇인지 이해하게 된 경험이 거의 없기 때문이다.

사랑, 인정, 자존감을 외부적인 요소로부터 구하는 것은 당신의 기분을 좋게 할 수 있을지는 몰라도 그것이야말로 언제 어디서 빼앗길지 모르는 위험하고 불안정한 방법이다. 자신을 믿자. 당신은 당신만의 방식으로 스스로에게 필요한 사랑과 안정감을 제공할 능력이 있다.

39

내가 믿는 걸
믿는다고 말하자

당신이 유독 열 받는 문제가 있는가? 당신을 거슬리게 하는 아주 사소한 일들부터 '저 자식에게 주먹을 날리고 싶다'는 생각이 들 정도로 당신을 화나게 하는 일까지를 모두 망라해서 말이다.

동시에 당신을 발언대에 서고 싶게 만드는 무언가, 모든 사람과 그들의 엄마들에게도 외치고 싶은 바로 그것은 무엇인가? 모두에게 '이것만큼은 내가 옳다'고 확인시켜주고 싶은 생각이 드는 바로 그것 말이다. 감 잡았는가?

그래, 그게 바로 당신의 '신념'이다. 당신이 진심을 다해 믿는 바로 그것. 당신의 뼈에 새겨진, 당신의 혈관을 따라 흐르는 그 신념은 당신의 안에 자리하고 있다. 그것은 환경, 동물 권익, 정치적 이슈, 페미니즘, 혹은 해태의 존재 등 '당신에게 중요한 것에 대한 당신의 느낌'이기도 하다.

전 세계 인구 모두가 동의할 수 있는 사안은 거의 없다. 예를 들어 당신은 지구상의 그 누구도 굶주려서는 안 된다는 당신의 현안을 모두가 지지할 것이라 믿겠지만, 당신과는 생각이 다른 밥맛 떨어지는 인간이 분명히 있다는 사실에 놀라게 될 것이다.

하지만 당신이 사람들의 비위 맞추기를 좋아할 수도 있고, 당신의 신념을 고수하면 어떤 이들을 불편하게 할 수도 있을 텐데, 그렇게 되면 당신의 기분 역시 매우 불편해질 것이다. 심지어 누군가 당신을 싫어하게 되면 어쩌나(어휴!).

이 책을 쓰는 내내 나는 이 주제에 시달렸다. 당신과 마찬가지로 나도 인간이고, 내 신념을 고집하는 것이 다른 사람들을 화나게 할 수 있다며 불쑥불쑥 끼어드는 내면의 부정적인 나도 함께 지내고 있다. 지난 몇 년 동안 지속해온 모든 훈련과 노력 덕분에 그 목소리를 통제하는 일은 이제 능숙하지만, 책을 쓰는 동안에는 문득 두려운 생각이 밀려왔다. '이 책의 내용에 대해 어떤 사람들은 화를 낼 텐데.'

내 마음은 대부분의 사람들이 이 책을 좋아할 것이고, 심지어 사랑할 것이라고 말했지만 내 모든 용기와 자신감의 밑바닥에는 두려움의 순간들이 깔려 있었다. 불특정 다수를 화나게 할 수 있는 만큼 두려움의 스케일도 컸고 비관주의자의 힘도 전혀 다른 차원이 돼버렸다.

나는 모두를 만족시킬 수는 없다. 그건 우리 중 누구라도 마찬가지다. 내가 알기로는 우리가 누군가를 화나게 했을 때 우리는 그들의 마음을 느낄 수 있다. 그래서 저절로 현실 도피처를 찾게 되고, 자신의 의견에 고집스럽게 몰두하거나, 친구나 동료에게 전화를 건다. 그렇게 두려움을 사그라뜨린다.

당신의 신념을 내세울 때만 당신은 진짜 인생을 살게 되며 당신의 가치들을 존중할 수 있다. 당신이 아끼는 사람, 주위의 여성들, 그리고 당신 말에 귀 기울이는 사람들의 롤모델이 되자. 그들은 당신의 신념에 동의하지 않을 수도, 심지어 당신의 신념을 비난하거나 비판할 수도 있다. 사실 누군가는 반드시 그럴 것이다. 만약 당신이 다른 사람들의 생각이나 말에 지나치게 신경 쓰고 있다면 이렇게 말해주고 싶다. 아니 이렇게 빌고 싶다. 그 사람들은 그냥 그러라고 놔두자. 언제나 누군가는 비판을 하게 되어 있다. 언제나.

다른 모든 일이 그렇듯이 자기 신념을 지키기 위해 용기를 내는 일에도 연습이 필요하다. 내 블로그에 '이런 생각을 하다니/그런 글을 쓰다니 당신은 세상에서 가장 멍청한 사람이야'라는 댓글이 처음 달렸을 때 나는 절망했다. 그 일로 울기도 했다. 그리고 해당 게시물을 수정할까도 생각했다. 하지만 내 생각을 믿었기 때문에 마음을 강하게 먹기로 했다. 그랬더니 다음번에 누군가 유사한 댓글을 달았을 때, 처음보다는 수월하게 대처할 수 있었다. 그리고 이제 누군가가 내 신념에 동의하지 않거나 심지어 그걸 비난한다 해도 나는 그저 어깨를 한 번 으쓱하거나 심지어 그 사람에게 연민을 느낄 수도 있게 되었다.

잠시 우울하겠지만 이내 극복할 수 있다. 이건 당신에게도 이미 익숙한 일일 것이라고 확신한다.

만일 당신 인생의 마지막 날, 질문지가 하나 주어진다면 다음 중 어떤 상자에 체크하고 싶은가?

☐ 나는 그 누구의 기분도 상하게 하고 싶지 않았기 때문에 나의 신념을 말하지 않음으로써 모두를 행복하게 만들었다.

☐ 나는 내 의견을 표명했고 그건 내게 아주 중요한 일이었다.

자, 어서 모두를 행복하게 만들어주자. 입은 꼭 다문 채 당신의 편안하고 예쁜 상자 안에 얌전히 머물자. 내가 앙증맞은 리본도 달아주겠다.

그러나 당신이 어떤 것을 믿고 있다면 그건 당신에게 중요하다는 뜻이다.

그 믿음은 당신의 마음속에 살아 있는, 결코 꺼지지 않는 불씨다.

선거권을 위해 거리로 나가 투쟁했던 여성들을 기억하는가? 1910년 말, 더 이상 이류 시민이기를 거부하고 모든 여성의 시민권 쟁취를 위해 목소리를 높인 여성들이 있었다. 그들이 비난받았을까? 그들에게 반대하는 사람이 있었을까? 물론이다.

그들은 우리를 위해 길을 닦아주었다. 그들은 우리 여성들에게 투표권을 보장해주었을 뿐 아니라(투표권을 부정당하다니, 지금 상상이나 할 수 있겠는가?) 우리가 그 뒤를 따를 수 있도록 좋은 선례를 남겨 주었다. 신념을 지킨 이들의 선례를. 자신만의 신념을 가지는 것은 천부권이며, 누구도 그 권리를 빼앗을 수 없다. 그리고 나는 신념을 표명하는 것이 우리 여성들의 의무라고 생각한다. '죄송하지만…'이라는 사과로 서문을 시작하는 것이 아니라, '내가 믿는 바는 바로…'라는 말로 우리의 신념을 표현하자.

싫어할 사람들은 어떻게든 싫어하기 마련이다. 이유 같은 건 애초에 상관없다. 그들이 당신을 싫어하는 이유를 알아내는 일이나 혹은 전 세계가 당신 편에 서도록 설득하는 일은 당신이 할 일이 아니다.

단호한 신념은
아름다움과 창조성을 담고 있다.

단호한 신념은 아름다움과 창조성을 담고 있다. 당신의 신념은 옆에 앉은 여성이나 혹은 나의 신념과 같지 않을 것이나 그대로 좋다. 당신의 의견과 신념을 표현하는 데는 용기가 필요하다. 연습과 자신감 역시 필요하다. 그러니 가지고 있는 모든 용기를 짜내 앞으로 나아가자.

언젠가 저세상에서 당신을 만나게 되면 어느 상자에 체크했는지 물어볼 것이다.

40

당신의 행동은
조금도 이상하지 않다

'미안해. 하지만 이게 나인걸'이라는 말을 해본 적 있는가?

그렇다면 '솔직하고 진실한 이런 내 모습이 미안해. 내 DNA에 각인된 성격을 가져서 미안해'라고도 말할 텐가?

정말로?

나는 두 아이의 엄마다. 둘째를 임신했을 때, 아이가 뱃속에 있을 때부터 이미 이 아이는 오빠와는 성격이 확연히 다를 것이란 걸 알 수 있었다. 나는 J Lo(제니퍼 로페즈, 미국의 영화배우이자 가수-역자 주)의 노래를 들을 때마다 그 안에서 힙합 춤을 추고 공중제비를 도는 아이를 상상했다. 그랬더니 실제로 태어난 그날부터 둘째는 오빠의 활동량을 능가하기 시작했다.

당신은 지금 있는 모습 그대로를 갖고 태어났다. 물론 양육 환경이 당신의 성격에 영향을 미친 측면도 있겠지만, 대부분은 그냥 그렇게 타고난 것이다. 레이디 가가조차도 내 말에 동의하지 않나.

나는 배우 루크 윌슨이 영화 〈우리, 사랑해도 되나요?〉에서 "누구나 괴짜 기질은 가지고 있어. 다만 밖으로 내놓지 않을 뿐이지"라고 말하는 장면을 좋아한다.

모든 사람이 저마다 그런 모습으로, 그런 행동을 할 수밖에 없는 자기만의 독특함을 타고났다는 것이다. 그래서 인기가 없다거나 사회 규범에 어긋날 수도 있지만 그게 어쨌단 말인가?

그 독특함은 과거에 한동안, 혹은 지금까지도 당신의 기분을 찝찝하게 할 수 있다. 왜냐하면 그건 당신을 '완벽'한 사람으로 만드는 일도, 다른 사람들이 주로 하는 일도 아니기 때문이다.

이를테면 나는 사람들이 흔히 말하는 '입이 싼 사람'이다. 나는 소란스럽게 수다를 떨고, 웃고, 무심결에 비밀을 발설해버리고 만다. 이런 내가 싫었고, 그래서 조용한 사람이 되기 위해, 그리고 나다운 모습을 희석시키기 위해 애를 썼다. 나는 사회가 내게 어떤 모습이 되기를 바랄지 생각했고 그렇게 되려고 노력했다. 사람들이 내 의견에 동의하지 않거나, 혹은 그것 때문에 기분 나빠할까 봐 내 의견을 말하기가 조심스러웠다.

말이 많은 내 모습이 나를 이상한 사람으로 만들까? 아마 남들이 보기엔 아닐지 몰라도 내게는 내가 특이하게 느껴졌다. 나는 내가 '평범'하지 않다고 느꼈다.

이제 당신의 괴짜 기질에 대해 생각해보자. 즉시 떠오를 수도, 조금 생각할 시간이 필요할 수도 있다. 하지만 하나 확실한 건 당신이 자기 속의 괴짜를 알아보고 받아들이기 시작하면 그때부터 그것이 덜 이상해 보인다는 점이다.

사과해야 할 것 같은 일, 자기를 방어하고 싶은 일, 당신을 이상한 사람처럼 보이게 하는 일들을 모두 목록으로 엮어보자. 그다음은 뒤집어서 각 항목들이 당신에게 어떤 기쁨을 주었는지, 어떤 걸 알게 했는지 질문하자.

예를 들어 내 입 싼 '괴짜 기질'은 내가 먹고사는 데는 물론이고, 어린 시절부터 꿈이었던 책을 쓰고 출판하는 데에도 필수적인 요소가 되었다. 이런 내 모습을 인정하는 순간 나는 더 좋은 사람들과 함께 하게 됐고, 일적인 부분에서도 더 많은 성공을 거두었으며, 더 행복해졌다.

게다가 당신을 진심으로 사랑하고 언제나 당신 편인 가족들은 당신의 괴짜스러움에 대해서는 신경 쓰지 않는다. 맹세컨대, 그들은 당신을 있는 그대로 사랑하는 사람들이니까.

그런 면에서 생각해볼 만한 점이 있다.

당신이 사람들의 눈치를 보며 하는 바로 그 행동은… 사실 대체로는 아무도 알아채지조차 못한다는 것. 우리 대부분은 나를 중심으로 생각하기 때문에 다른 사람들이 우리를 지켜보고, 우리의 괴짜스러움을 눈여겨본다고 생각하지만, 솔직히 말하자면 그들도 각자 자신의 문제에 집중하느라 다른 사람들을 눈여겨볼 시간이 없다.

내 고객의 이야기를 해볼까 한다. 그녀와 처음 만났을 때 그녀는 스물일곱 살이었다. 그녀는 주말이면 집에 머무르며 부모님과 남동생과 함께 영화를 보는 것을 좋아하는 내향적인 성격의 소유자였고, 당시 그녀는 자신을 감정적으로 학대하던 남자친구와 몇 달 전 헤어진 상태였다. 그녀는 주위 사람들이 자신을 '이상한' 사람이라고 생각하는 것 같다고 털어놓았다.

그녀가 연애를 하지 않았고 외출이나 주말 파티를 꺼려했기 때문이었는데, 그녀가 사는 동네에서는 결혼도 하지 않고 아이도 갖지 않는 것은 흔한 일이 아니었다. 그녀는 스스로를 자꾸 방어하고 싶다는 생각을 자주 하게 되었고, 자신의 모습을 창피하게 생각했다.

내가 나인 것에 대해 사과하는 사람들이 자존감이 낮고, 다른 사람처럼 되기 위해 끊임없이 노력하고, 사회가 내민 상자 속에 자신을 맞추려는 모습을 보이는 건 우연이 아니다.

그런데 그 상자, 악취가 나지 않나? 당장 나오라.

내가 나인 것에 대해 사과하는 건 스스로를 부정하는 것과 같다. 그리고 그건 타고난 그대로의 당신, 가장 나다운 내 안의 슈퍼스타를 부정하는 일이다. 스스로를 부정할수록 당신은 자신의 꿈에서, 당신이 살아 마땅한 멋진 인생에서 점점 더 멀어지게 된다. 거꾸로 말하면 내가 나인 것에 대해 사과하지 않는다는 것은 당신이 스스로의 모습을 받아들이고 삶의 목표를 충족해가고 있다는 뜻이 된다.

> 스스로를 부정하면 할수록
> 당신은 자신의 꿈에서,
> 당신이 살아 마땅한 멋진 인생에서
> 점점 더 멀어지게 된다.

'내가 나인 것'을 사과하게 만드는 것이 무엇이든 혹은 누구이든 그에게 가운뎃손가락을 치켜세우자. 그들의 행동은 자신의 불안과 자신의 의견, 그리고 자기 자신의 모습을 당신에게 투영하고 대입한 것뿐이라는 사실을 기억하라.

당신이 누군가와 다른 의견을 가졌다는 사실에 대해 사과하는 일은, 제발 부탁이다, 그만두자.

더 나은 세상을 위해 우리는 모두 솔직하고 진짜인 내가 되어 괴짜들의 깃발을 휘날려야 한다. 다른 사람들과 단 한 번의 이견 없이 언제나 잘 지낼 수는 없다. 진짜 나다운 DNA를 장착한 내 모습에 다가갈수록 내면의 갈등은 줄고 내게 이롭지 않은 것들을 감내하는 횟수도 줄어든다. 당신의 괴짜는 당신만의 것이다. 마음껏 사랑해주고, 자랑스럽게 발휘하자.

41

상처를 치료해줄
선택은 반드시 있다

상처를 극복할 수 있는 알약이 있다면 암시장에서 수천 달러에 팔리거나, 거대 제약 회사가 그 소유권을 손에 쥐고 전 세계를 장악하게 될 것이다. 우리는 모두 슬픈 이야기들을 갖고 있고, 그중에는 다시는 일어설 수 없을 것 같은 좌절도 있다. 이렇게 모두가 똑같이 고통을 겪는데도 저마다 다른 이유는, 고통을 대하는 방법 또한 각각 다르기 때문이다. 선택은 늘 그렇듯 당신의 몫이다. 기본적으로 두 개의 선택지가 주어진다.

1. 계속 괴로워한다.
2. 유용한 지혜와 통찰을 얻어 앞으로 나아가기 시작한다.

첫 번째 선택지를 고르면 구원받을 길은 없다. 손에 쥔 카드는 꽝이고 상황은 힘든데, 그냥 그 괴로움 속에 남기로 선택한 셈이다. 이 선택은 '불쌍한 나'라는 코스 요리의 식전 빵을 담당하고, 사이드 메뉴로는 '남 탓'이 나온다. 디저트로는 '내 팔자야'라는 슬픈 이름의 이야기가 제공된다. 가엾어라. 에구.

두 번째 선택지를 골라도 여전히 손에 쥔 카드가 꽝이라는 건 변함없다. 상황도 여전히 힘들다. 하지만 차이가 있다면 당신이 생각을 바꿨고, 당신이 얻은 것이 무엇인지 생각한다는 점이다.

당신을 아프게 한 경험은 무엇인가? 생각만 해도 여전히 마음을 아리게 하는, 당신 인생에 지대한 영향을 미친 일은 무엇인가? 분명 금세 떠올렸을 것이다.

그 상처를 극복하기 위한 최선의 방법은, 당신이 배운 게 무엇인지 모두 적어보는 것이다. 당신이 더 나은 모습으로 성장하기 위해 그 경험을 어떻게 활용할 수 있을지 생각하자. 이렇게 한다고 즉시 고통에서 벗어날 수 있는 건 아니지만, 고통을 성장의 발판으로 삼을 만큼 강해질 수는 있다.

예컨대 당신이 집착에 가깝게 사랑했던 사람이 당신을 두고 떠난다면 이는 당연히 충격적일 거고, 당신의 마음은 산산조각 나버릴 것이다. 하지만 이 경험을 통해서, 자신이 상대에 그토록 의존하고 매달린 이유가 애초에 무엇이었는가를 생각하게 되고, 스스로 인생을 결정하기 위해서는 반드시 혼자만의 시간이 필요하다는 것을 깨닫는 계기가 될 수 있다.

고통은 사랑하는 사람의 비극적인 죽음에서 시작될 수도 있다. 살아생전에 그 사람은 당신에게 어떤 가르침을 주었는가? 그 사람의 어떤 부분을 매일 떠올리며 살고 싶은가?

누군가 당신에게 저지른 끔찍한 일 역시 고통으로 남을 수 있다. 그 경험을 통해 자신에 대해 얼마나 이해하게 되었는가? 앞으로는 어떤 것을 용납하지 않을 작정인가?

우리는 모두 실패하고, 상처받고, 감정적 고통을 겪지만 그 실패와 상처, 고통이 내가 누구인지를 정의하지는 않는다. 그건 이미 벌어진 일에 불과하다. 실패할 인생을 타고난 사람은 없다. 상처받을 운명을 타고난 사람도 없다. 당신을 둘러싼 상황은 그저 상황일 뿐, 당신이 누구인지, 얼마만큼의 가치를 지닌 사람인지, 어떤 미래를 살 것인지 결정하지 않는다. **그걸 결정하는 것은 바로 당신이다.**

고통스러운 경험에서 뭘 배워야 하는지 도무지 모르겠다면, 이렇게 묻지 않을 수 없다. 당신은 어째서 당신이 겪는 아픔에 그토록 헌신적인가? 그 고통 곁에 굳이 머무르려 하는 이유가 무엇인가? 동전의 다른 면도 보려고 노력하자.

더 이상 많이 아프지 않을 당신과 인사하게 될 날을 기대한다.

42

한 박자
쉬어가기

나는 무슨 일에든 전력을 다하는 경향이 있다. 늘 목표를 향해 달린다. 성취욕이 강하다. 이번 주 할 일 목록을 만들어놓고 체크한다. 스스로에게 휴식을 준다는 건, 마치 물이 싫어 절박한 몸짓으로 뒷걸음질 치는 고양이를 목욕시키는 일 같다.

이렇게 수도 없이 파김치가 될 정도로 나를 몰아붙이며 배운 것은, 우리 모두가 그렇듯 나도 인간이라는 것이다. 정기적으로 스스로에게 휴식을 주지 않으면 나도 모르게 내 인생을 채찍질하게 되고 마지막에는 '이게 다야? 내가 제대로 산 거 맞아?'라는 생각을 하게 될지도 모른다.

인생의 핵심은 잘 사는 것 아닌가.

카르페 디엠이라든가, 현재를 살라든가 그런 말을 하려는 게 아니다. 사실 나는 이런 말들을 굉장히 싫어하는데 왜냐하면 모든 순간을 움켜쥘 수 있거나, 매 순간 몰두할 수 있는 사람은 없기 때문이다. 이런 말들은 우리 자신을 더 미친 듯 채찍질하게 하고, 쌓여만 가는 일에 치이게 하며 그 와중에현재를즐기지못하는것에대한죄책감까지준다… 띄어쓰기 따윈 무시하고 글을 쓰게 하는 건 말할 것도 없고.

당신도 인생의 여행에는 따로 목적지 같은 건 없다는 걸 이미 알고 있을 것이다. 하지만 사람은 일단 목표가 생기면 욕심이 생긴다. 삶이 발전하기 시작한다. 어느새 이 '목적지'가 실제로 있는 것처럼 여겨지고, 줄곧 그것만 보게 된다.

아이러니한 것은 목표만 향해 정신없이 가다 보면 이제 거의 다 왔다고 생각하는 순간 지쳐 나가떨어지는 경우가 많다는 거다.

그 시기에 생각해볼 만한 것들을 준비했다.

- **좌절도 때론 하게 된다.** 심지어 오프라 윈프리라도 친구에게 전화해서 오늘 하루 종일 부정적인 생각을 얼마나 많이 했는지 털어놓을 때가 분명히 있을 것이다. 이렇게 가장 깨우쳤다는 사람들 역시도 힘이 들고 자기 문제에 더 몰두할 때가 있다. 좌절을 맛보고 다시

고쳐나가야 한다는 사실은 누구의 잘못도 아니다. 좌절은 좌절일 뿐, 립스틱을 고쳐 바르고 착실히 나아가면 된다.

모든 건 다 과정일 뿐이다. 모든 게 다 그렇다. 때때로 그 과정에 끔찍할 정도로 나쁜 하루가 포함되기도 하고 때론 하루가 아니라 나쁜 한 주가 이어지기도 한다.

나는 제일 친한 친구인 에이미와 정기적으로 최악의 하루에 대한 대화를 나누는데, 에이미는 심지어 이 대화에 사랑스러운 별명까지 붙여주었다. 이름 하여 '양동이 쏟아붓기 시간'. 우리는 서로에게 전화를 걸어 쌓였던 안 좋은 일들에 대해 욕하고, 하소연하고, 분노를 터뜨리고, 허공에 주먹질을 하면서 성질을 부린다.

우리는 그저 서로의 이야기를 들어주며 상대방이 요청하지 않는 한은 문제에 해결책을 제시하려고 노력하지 않는다. 진짜 성질이 난다면 대체로 그건 해결이 아니라 분출해야 하는 것이 맞기 때문이다. 하지만 이 시간을 그렇게 자주 갖지는 않고, 화를 분출하는 동안에도 우리는 대체로 진짜 문제가 무엇인지 알고 있다.

당신은 그런 적이 전혀 없다고 한다면 아마 자신을 속이는 것일 터이다. 감정을 솔직하게 느끼되, 당신이 양동이를 비우고 있다 해도 그 감정들이 당신의 생활 자체를 지배하게 해서는 안 된다. 물론 그 시기에는 중요한 결정들도 내리지 않도록 하자. 그저 그런 기분이 들었다는 사실을 자각하고, 화를 배출하고, 교훈을 얻고, 털어버리자.

- **현실적인 목표를 세운 뒤, 한 걸음 물러서서 다시 보라.** 새해가 되면 나는 신이 나서 한 해 목표를 세우곤 한다. 보통은 아주 거창한 목표를 세운 뒤 목표 달성에 실패했을 때 우울해하곤 했는데, 지금은 세운 목표를 다시 보고 각 목표를 한 단계씩 낮춰 잡기도 한다.
- **휴식을 취하라.** 너무 지쳐서 잠옷 차림에서 벗어나고 싶지 않은 날이라면… 그냥 잠옷 입고 쉬자. 일반적으로 당신의 몸은 당신이 언제 휴식을 필요로 하는지 잘 알고 있다. 정신의 주인인 몸과는 다투지 않는 게 상책이다.
- **관점을 바꿔라.** '쉬기엔 할 일이 너무 많아, 더 이상은 감당할 수 없어'라는 기분이 드는 날이면 그 일에 대해 두 가지 질문을 던지자.
  1. 지금으로부터 1년 후에도 이 일이 중요할까?
  2. 사실은 그렇게 중요한 일이 아니라면?

첫 번째 질문에 대해 '맞아'라고 대답했다면 뭐, 알겠다(거짓말쟁이!). 어쨌든 그 일을 그렇게 중요하지는 않은 일로 만들기 위한 방법을 모색해보자. 대체로는 그냥 중요하지 않은 일이라고 결정을 내리기만 하면 된다.

- **당신의 큰 그림을 잊지 마라.** 우리의 시야는 터널과 같이 좁아서 목적

지를 생각하다 보면 어느새 생산성과 경제성에만 집착하게 된다. 그리고 이런 때에는 예민해지기 쉽다. 그냥 모든 일에 화를 내곤 하는 것이다. 한때 꿈을 향하는 일이라고 생각했던 일에조차 화를 내고 있다. 그런 시기에 도움이 되는 것은 그저 가만히 앉아서, 당신이 무엇 때문에 이 힘든 걸 참고 있는지 스스로에게 물어보는 것이다. 인생의 의미를 사색해보라는 등의 얘기가 아니다. 다만 눈앞의 것만 보일 때는 지금 하는 일들이 자신에게 어떤 의미를 가지는지 상기하라는 것이다. 아마 일부는 자신을 위한 일일 테고, 부분적으로는 가족, 부분적으로는 기분이 좋아서 하는 일일 것이다. 그리고 어느 정도는 봉사하는 마음도 포함되어 있을 것이다.

당신은 더 느긋해져도 좋다. 생생한 에너지, 넓어진 시야, 더 반짝이게 된 꿈이 당신을 즐겁게 해줄 것이다. 혹시 아는가… '카르페 디엠' 하고 있는 자신을 발견하게 될지.

43

다이어트는 로또가 아니라
로똥일 수 있다

헬스는 내 절친이었다. 나는 열아홉 살 때부터 헬스장에 다니기 시작해서 작은 헬스장, 여성 전용 헬스장, 프랜차이즈 헬스장, 보디빌딩 헬스장 등을 다녔다. 2005년에 ACE(미국 운동 위원회, 세계적인 규모의 미국의 피트니스 전문 기관-역자 주)에서 법인 자격으로 일했고, 그 기간 동안 개인 트레이너 자격증도 취득했다. 고객들의 트레이너로 잠시 일하기도 했다.

갑자기 내 이력에 대해 이렇게 주저리주저리 털어놓는 이유는 '완벽한 몸매'를 골든 티켓이라고 여기며 좇는 여성들을 상당히 많이 봤기 때문이다.

어쩌면 쇠귀에 경 읽기가 될지 모르겠지만, 그래도 할 말은 해야겠다. 우리가 말하는 '완벽한 몸매'라는 것은 모두 포토샵 에어브러시로 수정한 이미지로, 잡지에, 카탈로그에, 광고 게시판에, 텔레비전 광고에, 심지어 페이스북과 인스타그램에도 실린다. 하지만 그 완벽한 몸매가 당신에게 주는 건 아무것도 없다.

'그래도 자신감이 생기잖아요. 허벅지가 날씬하면 / 엉덩이가 탄탄해지면 / 배가 날씬해지면 / 팔뚝 살이 빠지면 나 스스로가 더 나은 사람이 된 것 같은 생각이 들어요.'와 같은 주장은 수도 없이 들었다.

그럼 나는 이렇게 묻고 싶다… 어째서 그런가?

어째서 납작한 배는 당신에게 자신감을 주는가? 왜 날씬한 엉덩이는 스스로를 더 나은 사람이라고 생각하게 하는가? 진심으로 그렇다고 생각한다면 참 바보 같은 소리라고밖에 말할 수 없다.

지금쯤이면 나에게 반발심이 생겼을지 모르겠다. 그래도 괜찮다. 혹시 '이 여자는 지금 자기가 뭔 말 하는지도 모를 거야'라고 말하고 싶다면, 그 역시 괜찮다. 하지만 이 모든 이야기는 바로 당신을 위한 것이다.

이 이야기는 내 경험을 바탕으로 한 것이며 헬스장에서, 라커룸에서, 교실에서, 파티 장에서 만난 수백 명의 소녀들과 여성들을 위한 이야기이기도 하다. 왜냐하면 나 역시도 행복으로 가는 티켓, 사랑을 위한 티켓, 가치 있는 것을 얻기 위한 티켓이 바로 이 '완벽한 몸매'라고 생각한 여자애였기 때문이다. 이런 생각은 교묘하고 강력한 한편, 굉장히 해로운 생각이기도 하다.

수년간의 경험을 토대로 내가 깨닫게 된 것은 '겉모습이 내면에 대해 말해주는 것은 없다'는 사실이다.

누군가의 몸매를 탐내면서 자신의 몸을 비판하거나 심지어 싫어할 수 있다. 하지만 갈망하던 외형을 마침내 얻게 된다 하더라도 당신이 얻게 되는 것은 가짜 행복일 뿐이다. 마치 텅 빈 선물 상자를 받아든 것처럼.

물론 아주 잠깐 동안은 행복할 수 있다. 어쩌면 당신이 세운 '체중 감량하기', '특정한 사이즈까지 몸무게를 줄이기'라는 목표를 달성하게 된 것일 수 있다. 그러나 살을 빼거나 사이즈를 줄여 결핍된 행복이나 충만함을 채우려는 것이라면, 결국에 돌아오는 건 엄청난 실망뿐이다.

먼저 내면부터 가꾸자. 내 안의 못된 악마를 똑바로 바라보자. 다른 사람들이 보기에 완벽한 외형을 갖추려고 이리 뛰고 저리 뛰는 대신 영혼을 살찌우기 위해 노력하자. 왜냐하면 **당신의 몸매가 어떤지에 정말 신경 쓰는 사람들은 당신이 눈곱만큼도 신경 쓸 필요 없는 사람들이기 때문이다.**

어디서부터 어떻게 해야 할지 모르겠다고? 그럼 이것부터 시작하라.

질문 완벽한 몸매를 가지지 못했을 때 일어날까 봐 두려운 일이 무엇인가? 누군가 당신을 사랑하지 않을까 봐, 쓸모없는 사람이 될까 봐 두려운가?

진실 당신의 몸매가 어떻든 당신은 사랑받아 마땅한 사람이다.

★

질문 완벽한 몸매 만들기에 바쁜 당신이 외면하고 있는 것들은 무엇인가? 지금 외면하고 있는 일 중에 당신의 관심이 절실한 일은 현재 어떤 상태인가? 연애 관계나 결혼 생활은? 당신의 끔찍한 직장은? 낮은 자기애와 자존감은 어떤가?

진실 마지막 남은 2킬로그램을 빼는 것은 정답이 될 수 없다. 운동을 추가하는 것 역시 답이 아니다. 당신의 인생에 대한 관심, 그게 바로 정답이다.

★

질문 인생의 힘든 시기를 어떻게 대처하고 있는가? 그리고 어떤 감정을 느끼는가?

진실 감정을 제대로 느끼지 못하거나 무감각한 채로 지나가면 그 감정은 사라지지 않고 오히려 악화될 뿐이다. 지금 느껴지는 기분을 충분히 느낄 필요가 있다. 필요하면 주저앉아 울면서 조금 쉬어가자. 약해져도 괜찮다. 엉망이어도 괜찮다. 완벽하지 않아도, 어설퍼도 괜찮다.

★

마지막 진실 '완벽한 몸매'를 얻기 위해 노력하다가 마침내 그 몸매를 완성했을 때 뭔가 찜찜한 기분이 들 것이다. 당신의 외모가 여전히 완벽하지 않다는 찜찜한 기분. 그러면 그 완벽하지 않은 부분 역시 고치려고 노력하게 된다.

그것을 고치는 동안에도 당신의 내면에는 관심에 목마른 무언가가 당신을 기다리고 있다. 모든 문제의 답이 '완벽한 몸매'라고 스스로에게 거짓말을 하며 하루를 더 낭비하지 말자. 늦은 밤 침대에 누운 채 '난 뭐가 문제지?'라는 생각에 몰두하며 시간을 더 낭비하지 말자. 자신을 비난하거나, 몸매가 지금과 달랐다면 어땠을까 하는 망상에 빠져 하루를 더 낭비하지 말자. 이런 시간들은 당신의 영혼을 굶길 뿐이다.

당신을 이루는 작은 조각 하나도 빠짐없이 완벽하고, 특별하고, 멋지다. 그래서 아주 많은 사람들은 있는 그대로의 당신의 모습을 사랑하고 아낀다. **그 사람들을 믿자.**

44

감사의 힘으로
행복해지기

　　　　　　요즘 들어 '감사'라는 단어를 참
많이 듣는다. 요즘 가장 잘나가는 자기 계발 주제인 모양이다. 이런
현상에 대해 내가 할 말은 단 한 가지뿐이다.

　오 예스!

　감사함을 모른 채 인생의 완전한 기쁨, 충만함, 풍요를 누리는
사람은 지금까지 단 한 번도 만나보지 못했다. 인생을 살면서 내가
해낼 수 있었던 단 하나의 자기 계발은, 바로 감사하는 마음을 갖
는 것이었다.

　감사하는 마음은 어떤 상황에서든 기분을 달래고 싶을 때마다
내가 즐겨 찾는 도구이기도 하다. 인생이 내 뜻대로 흘러가지 않는

다거나, 정신적으로나 감정적으로 축 처질 때는 내가 감사하는 연습을 게을리하고 있었다는 사실을 깨닫게 된다. 그때 감사하는 마음을 떠올리면 언제나 효과가 있다.

감사하는 마음 덕분에 인생이 바뀐 순간도 있었다. 당시 나는 9개월간 만난 사람과의 관계가 모두 거짓으로 가득했음을 막 알게 된 참이었다. 집에는 이사 준비를 마친 짐들이 가득 쌓여 있었다. 남자친구와 나는 동거할 예정이었기 때문에 아파트 전세 계약도 이미 해지한 상태였고, 정말 괜찮았던 직장도 관둔 상태였다. 나는 침실 바닥에 꼭 웅크린 자세로 누워 눈이 퉁퉁 붓도록 울었다. 열 달 전 결혼 생활이 끝났을 때 내 인생은 이미 바닥을 찍었다고 생각했는데, 이번 일로 바닥보다 더 깊은 곳을 찍고 만 것이다. 인생의 패배자가 된 것 같았고, 터널 끝에 어떠한 빛도 보이지 않았고, 그래서 나는 말 그대로 희망 같은 건 볼 수 없었다.

그때 '감사하는 마음'에 대해 들었던 이야기와 그 마음가짐이 효과가 있다는 조언들이 떠올랐다. 나는 정말 간절했다. 그래서 종이를 한 장 꺼내 들고 당시 내가 감사하게 생각하던 일 열 가지를 써 내려갔다. 건강한 몸, 공부를 계속할 수 있는 현실, 내 가족, 그리고 내 가방 속에 들어있던 옷들도 목록에 적었다. 그건 내가 치유를 위해, 그때와는 전혀 다른 오늘의 내가 되기 위해 거친 무수한 단계 중 가장 첫 번째 단계였다. 감사의 힘은 이렇게나 강력하다.

그럼 처음부터 차근차근 시작하도록 하자. 감사하는 마음을 가지는 것이 어떤 도움을 줄 수 있을까?

- 여러 과학 연구에 따르면 꾸준히 감사하는 마음을 수양한 사람들이 그렇지 않은 사람들보다 더 행복하고, 우울증을 겪을 확률도 낮았다.
- 감사하는 마음은 겸손함을 가지게 한다. 겸손해서 나쁠 건 없지 않은가?
- 감사하는 마음을 가지면 더 열린 마음을 가지게 되고, 더 많은 것에 관심을 가지게 되고, 더 많은 사랑을 주고받을 수 있게 된다. 그건 결국 우리 모두가 되고 싶어 하는 모습이 아닐까?
- 감사하는 마음을 수양하다 보면 감사할 일들이 더 많이 생겨나게 된다.
- 감사하는 마음을 가지면 있는 그대로의 내 모습에, 내가 가진 모든 것에 만족하게 된다.

감사하는 마음을 가지는 연습은 결코 복잡하지도, 많은 노력을 요하지도 않는다. 가장 흔히 사용되는 훈련 방법은 매일 아침 또는 매일 저녁 감사한 것들을 목록으로 만드는 것이다. 우리는 이 훈련에서 한 단계 더 나아가 보겠다. 하지만 먼저 연습에 매진하겠다는 다짐을 해야 한다. 한 번도 연습을 해보지 않은 사람은 적어도

30일 동안은 꾸준히 노력해야 한다.

1. 첫 번째 단계부터 실전이다. 하루 중 언제 감사 목록을 작성할지 시간을 정하자. 특정한 시간을 골라 그 시간에는 꼭 목록을 작성하도록 한다. 모닝커피를 마시는 시간도 좋고, 운동을 하는 도중에, 혹은 출근하고 처음으로 하는 일로 정해도 좋다. 적어도 세 가지를 적어라. 매일매일 감사하는 일들이 반복돼도 괜찮지만, 새롭게 감사할 일들을 떠올리기 위해 최선을 다하자. 나는 종종 내 고객에게 감사 목록을 100개 적어오라는 숙제를 내주기도 한다.

2. 다음 단계는 앞으로의 감사할 일들을 쓰는 것이다. 지금 가진 것들의 목록을 적는 건 쉬운 일이다. 여기에 당신에게 생길 감사할 일들을 추가하라. 지금 어려움을 겪고 있다면 곧 그 어려움을 벗어나게 될 것이라는 사실에 감사하자. 원하는 것이 있다면 조만간 그것을 얻을 수 있다는 사실에 감사하자.

3. 당신에게 닥친 힘든 일에 대해서도 감사하는 마음을 가져라. 고민되는 상황이나 후회되는 결정에 대해 스스로를 비난하는 대신, 그 상황 덕분에 당신이 얼마나 더 나은 사람이 되었는지에 대해 생각하려고 노력하자. 그 경험을 통해 배운 게 무엇인가?

4. 감사 인사를 기대하지 않던 사람들을 골라 감사를 표하는 것도 방법이다. 부모님께 편지를 쓰거나 은사님께 이메일을 보내자. 우편함에 포스트잇을 붙여 우편배달부에게 감사를 표하는 것도 좋다.

일상을 살아가면서 우리는 우리가 사랑하고 가장 감사해야 할 사람들을 종종 잊고 그 사랑을 당연하게 생각하기도 한다. 이제는 그런 일이 일어나지 않도록 하자.

5. 마지막으로 장을 보거나 커피를 살 때 당신에게 도움을 준 사람의 눈을 보고 감사하다고 말하자. 인간적으로 교감하며 나누는 감사 인사는 강력한 힘을 가진다.

우리 가족은 매일 저녁 식탁에 앉아 아이에게 '넌 언제 행복하니?'라고 묻는다. 각각 다섯 살, 세 살인 아이들의 눈높이에 맞춰 질문을 쉽게 만들었다. 물론 첫날에 내 아들은 레고와 장난감 소방차랑 놀 때 행복하다고 말했다. 하지만 그다음 날 아들이 '엄마! 엄마랑 아빠가 있어서 행복해!'라고 말했던 순간을 나는 절대 잊지 못할 것이다.

연습의 효과가 나타나기 시작했다면 거기서 멈추지 마라. 감사하는 마음에는 가속도가 붙고 시간이 지날수록 기쁨은 더 커지기 때문이다.

45

누구와 어울리는지가
인생을 정한다

비슷한 사람들끼리는 끌리는 법
이다. 이건 과학적으로도 입증된 사실이다. 스스로 자신을 사랑하는
당신은, 당신처럼 자신을 사랑하는 다른 사람들을 끌어당기게 되어
있다. 그래서 주위를 나쁜 사람들로 가득 채우면 당신의 인생도 엉
망이 된다.

인간이기 때문에 우리는 다른 인간과 유대를 형성할 수밖에 없
다. 늘 혼자 있는 것은 자연스럽지 못하다. 매슬로우의 인간 욕구
5단계 이론조차 인간은 소속감과 사랑을 필요로 한다고 서술하고
있다.

내가 가진 최선의 모습을 이끌어내 주는 사람들과 인생을 함께

할 때 더 행복한 인생을 살 수 있다고 생각한다. 자신의 흠을 비난하고 꼬집어내는 사람과 어울리는 것을 진심으로 좋아하는 사람을 한 명이라도 안다면 말해보라. 아마 없을 것이다.

이제 주위를 둘러보자. 행복하지 않은 이유를, 어째서 늘 망나니 같은 사람만 골라 사귀게 되는지를, 왜 당신에게는 불행한 일들이 계속 일어나는지를 모르겠다면 당신의 인생에 가장 많은 영향을 미치는 사람들을 떠올려보라. 그들 중에는 보석 같은 사람들도 있겠지만 당신을 의기소침하게 만드는 못된 사람들도 분명 있을 것이다.

'불행한 사람은 자신 주위의 사람 역시 불행하길 바란다'는 말을 들어본 적이 있는가? 당신 주위의 패배자들은 실제로 늘 당신을 깎아내리는 일이 부업이라도 되는 양 그 일에 열중한다.

만일 당신이 내가 말하는 그 못된 사람 중 한 명이라면 올바른 사람들을 주위에 두기 위해 내적 수양을 할 필요가 있다. 심리 상담도 받고, 이 책도 여러 번 읽자. 그리고 당신에게 중요한 일에 집중하자.

아마도 당신은 지금 어울리고 싶은 사람들 대신 '어울려야 한다'고 생각하는 사람들에게 둘러싸여 지내고 있을지 모른다. 아마 인연을 끊기엔 너무 오랜 친구들이거나, 아니면 쿨하고 신비로워 보이는 사람들일 수도 있겠다.

둘 중 어떤 경우가 됐든 당신이 왜 귀중한 시간과 에너지를 그들에게 허비해야 하는가? 그동안 쌓인 정 때문에? 쿨해 보이니까? 당신은 자신의 인생에 가치를 더하는, 당신을 존중할 줄 아는 사람들과 어울려야 한다. 만일 지금 함께 어울리는 사람들은 그렇지 않다면 그들과의 만남을 다시 생각해 보아야 할 때다.

당신의 인생을 채울 좋은 무리를 형성할 준비가 됐다면 참고할 만한 방법이 몇 가지 있다.

1. **어떤 사람을 포함하고 싶은지, 그 이유는 무엇인지 파악하자.** 당신이 동경하고, 닮고 싶은 사람은 어떤 종류의 사람인가? 그 사람은 어떤 성격의 소유자인가? 친절한가? 재미있나? 직업이 있는가? 구체적으로 생각해보자. 살아 있든 돌아가셨든 당신이 사랑하는 사람은 누구인가? 할머니였나? 만일 그렇다면 왜 그런가? 만일 당신이 "난 채닝 테이텀(Channing Tatum, 미국의 영화배우이자 영화 제작자-역자 주)을 사랑하고 동경해. 너무 섹시하거든"이라고 대답한다면 그건 내가 원하는 종류의 대답이 아니다. 내가 닮고 싶은, 동경하는 그 사람의 본질적인 가치에 대해 생각하자.

2. **당신의 본능에 귀 기울여라.** 어떤 사람에 대한 당신의 반응에 신경 쓰자. 이유를 설명할 순 없지만 처음 만난 사람에게 끌리는가? 당신을 끌어당기는 그들의 본질 혹은 에너지는 무엇인가?

3. **이미 알고 지내는 좋은 사람들과의 관계를 강화하자.** 이미 알고 지내는 사람들 중에 관계를 더 끈끈하게 만들고 싶은 사람이 있는가? 그

들과 함께 시간을 보낼 계획을 세우고 행동에 나서라. 독서 모임, 문신 새기기, 커피 모임, 중고 매장 쇼핑하기 등 공통적으로 좋아하는 일들에 집중하자. 매달 마지막 주 금요일에 함께 아침식사를 하는 약속을 만드는 것도 좋다.

4. 가상의 관계를 인정하자. 소셜 미디어 덕분에 사람들과의 연결이 매우 쉬워졌고 가상의 관계도 형성할 수 있다. 트위터나 페이스북, 인스타그램에서 당신과 관심사나 열정이 같은 사람들을 찾아보자. 소셜 네트워크를 통해 사람을 사귀고 나면, 원한다면 그 사람들과 실제로 만나는 일도 생각보다 쉽다.

좋은 사람들과 무리를 형성하게 되면 당신은 변화를 경험하게 될 것이다. 물론 하루아침에 일어날 변화는 아니지만, 변하는 것들이 분명 눈에 보일 것이다. 자신을 사랑하는 사람들, 진실한 사람들을 주위에 두면서 정작 본인이 그런 사람이 되지 않기는 어렵다.

핵심 당신의 무리가 당신에게 다가올 때까지 기다리고만 있지 말자. 그러다 평생 기다리게 될지도 모른다. 당신의 무리를 꾸리기 위해 적극적으로 노력하자. 당신이 수줍음이 많은 내향적인 성격을 가졌다 해도 당신이 원하는 인생을 채워줄 중요한 사람들을 자신에게 맞는 방법으로 찾을 수 있을 것이다.

46

아름다운 이별은
현실에 없다

어떤 관계에 대해서 '이제 정말 끝
이야'라는 말을 얼마나 자주 해왔는가? 당신은 줄곧 자신을 짓누르
며 영향을 미치는 무거운 기분을 해소하고 싶어 한다. 마치 엉덩이
사이에 바지가 꼈는데도 빼지 못한 채 걷는 것과 같은 기분. 정말 불
편하고, 어떻게 몸을 움직여도 소용없는 그 기분으로부터 당신은 구
원받고 싶은 것이다.

끝이라는 건 '마지막' 및 '닫는 행위'로 정의되지만 사람에 따라
다양한 의미로 사용되기도 한다. 연인에게 이미 식은 관계에 대한
당신의 생각을 설명하고 싶을 때도, 그 사람에게 꺼져버리라고 말
하고 싶을 때도, 사실 그 사람과 계속 연락하고 지내고 싶은 당신

의 진심을 전하고 싶을 때도 당신은 '끝내자'고 말한다.

당신이 연인과 헤어졌다고 가정해보자. 모두 끝났고 당연히 기분은 안 좋다. 이 주제에 대해 하나 기억해야 할 것이 있는데 헤어진 두 연인이 커피를 마시며 대화를 한 뒤, 서로 안아주고 관계를 '끝낼' 수 있다는 생각은 미신에 가깝다는 것이다. 마치 마지막에 주고받은 오묘한 말들이 둘을 구원해주고 예쁜 리본을 묶듯 관계를 마무리해 줄 수 있다고 생각하겠지만,

현실에서 그런 일은 일어나지 않는다.

물론 관계를 청산하기 위해 해야 할 말이 있을 수는 있다. 그동안 하지 못했던 사과를 하고 용서를 구해야 할 수도 있다.

그러나 특정한 행동이 상처를 치유해줄 거라고 가정하는 순간, '끝'에 대한 미신은 상황을 복잡하게 만든다. 게다가 그 상상 속의 행동을 실행하는 건 우리를 더 깊은 슬픔에 빠지게 한다. 무슨 말이냐 하면 이런 의미다.

첫 번째 결혼이 끝나버렸을 때 나는 마지막으로 한 번만 더 전남편과 대화할 수 있다면 기분이 훨씬 나아질 거라는 생각을 떨칠 수가 없었다. 마지막으로 한 번만 더 내가 얼마나 상처를 받았는지를 이야기하거나, 내가 잘못했던 일들을 사과할 수 있다면 그것으로 끝낼 수 있을 것 같았다.

바라던 바대로, 헤어진 뒤에도 얼마간 우리는 대화를 나눴다. 사과와 용서를 구하는 말, 서로가 없는 우리의 삶이 어떤지에 대한

이야기들로 이어졌다. '아름다운 끝'에 대해 내가 상상하던 바로 그 모습이었다. 그러나 그 대화는 우리에게 일어난 명백한 사실을 겉돌았다. 마음 어느 곳에서는 이미 알고 있었다. 내가 이러는 이유가 그저 아픔을 끝내고 싶기 때문이라는 것을. 그 사건을 잊고 싶다. 이혼을 경험하고 싶지도, 혼자 남고 싶지도, 다시 시작하고 싶지도 않다…. 하지만 현실에서는 어떤 것도 나의 상황을 바꿀 수는 없었다. 나를 치유할 수 있는 사람은 나밖에는 없었다.

그 후 나는 무슨 말로도 이미 일어난 일을 바꿀 수는 없다는 사실을 깨달았다. 우리는 이미 끝난 사이였다. 이별의 현실은 고통스러웠다. 좋은 말이나 사과, 쏟아지는 눈물로도 상황을 바꿀 수는 없었고 고통 역시 사라지지 않았다. 나는 모두 다 잊어버리든지 이미 일어난 일은 어쩔 수 없다는 사실을 받아들이든지, 아니면 둘 다를 할 수 있기를 바랐다.

'아직 안 끝났어'라는 말을 하는 사람들을 나는 종종 봤다. 그 사람은 어떻게든 상대에게 연락하려고 애를 쓰거나, 상대방이나 자신을 비난하다가 지쳐버리고 만다. 왜냐하면 무슨 수를 쓴다 해도 납득할 수 있는 끝이라는 것은 오지 않기 때문이다.

당신이 정의하는 그 끝은 절대로 오지 않는다. 당신이 할 수 있는 유일한 일은 마음의 평화를 위해, 스스로를 사랑하기 위해 당신에게 필요한 끝을 스스로 맺는 것이다.

무슨 짓을 해도 과거를 바꿀 수는 없다. 어떤 사람이 어떤 기분을 느끼도록 만들 수도 없다. 상대방이 원하지 않는다면 사과를 받아들이게 할 수도, 당신의 말에 귀 기울이게 할 수도 없다. 설령 그들이 귀를 기울인다 하더라도 당신이 원하는 반응을 보이지 않을 수도 있다는 사실을 기억하자. 당신은 대화가 어떤 식으로 흘러갈지 배경 음악까지 넣어가며 상황을 그리겠지만 현실은 영화와 다르다.

다음의 사소한 단계들을 하나씩 밟아 나아가다 보면 마지막에는 치유된 당신을 만나게 될 것이다.

- 보내지 않을 편지를 쓰자. 상대방이 읽지 않을 편지를 쓰다 보면 그 편지는 어느새 당신을 위한 편지가 된다. 감정을 하나도 숨기지 말고, 당신이 느낀 기분을 정확히 설명하자. 편지가 완성되면 안전한 장소에 보관해도 좋고, 그 편지를 가지고 상징적인 의식을 치러도 좋다.
- 당신의 이야기를 전부 쓰자. 그 과정에서 영감을 받아 시로, 극본으로 써 내려가도 좋다. 이때 중요한 것은 모두 털어놓아야 한다는 것. 다시 읽으면서 스스로 치유할 수 있고 새로운 시각을 얻을 수 있어야 한다는 게 핵심이다.
- 기 치료에 대해 알아보자. 나는 어떤 관계가 끝나도 그 관계의 기가 여전히 서로의 안에 머문다고 믿고 있다. 만일 당신도 이와 같

은 생각에 열려 있다면 기 치료가 치유에 도움이 될 수 있다.

- 이 '끝맺는 행위'로부터 무엇을 얻고 싶은 것인지 자문하자. 관계에서 당신이 저지른 실수, 못된 말 혹은 행동에 대해 용서받고 싶은가?

스스로를 배려하자. 지나간 일은 지나간 일일 뿐이라는 사실을 인정하고 놓아버리자. 어떤 상황에서도 그 상황을 끝낼 수 있는 힘을 가진 사람은 당신뿐이다. 스스로를 영원히 고문하며 '끝나지 않은' 상황의 피해자가 될 것인지 혹은 내면의 평화를 위해 할 수 있는 일을 할 것인지는 당신이 선택해야 한다.

자, 어느 쪽을 원하는가?

47

미쳐 돌아가는 세상에서
균형 잡힌 삶이란

"어떻게 하면 삶의 균형을 찾을 수 있을까요?"라는 질문을 늘 들으면서도 나는 매번 당황하곤 했다. 나도 그 답을 몰랐으니까! 답을 찾기 위해 끊임없이 고민하는 와중에, '삶의 균형'을 찾는 방법을 깨달았다는 다른 사람들을 보니 그 방법을 모르는 나는 인생, 부모, 결혼, 모든 것에 실패한 것 같았다. 환상의 무지개를 찾아 헤매는 느낌이었고, 나는 점점 지쳐갔다.

삶의 균형에 대한 생각으로만 머릿속이 가득한 가운데 커피 두 잔을 들이붓고 나니 불안이 더 커진 건 자명한 일이었다.

그러던 어느 날, 다니엘 라포르테(Danielle LaPort, 캐나다의 베스트셀러 작가이자 동기부여 연설가-역자 주)가 자신의 블로그에 쓴, 삶의 균형 같은 건 존재하지 않는다는 주제의 글을 발견했다. 삶의 균형을 찾는다는 명목으로 우리가 스스로에게 부여하는 과제는 실제로는 더 많은 스트레스를 유발할 뿐이며 결국 제대로 해낼 수도 없다는 글이었다.

나는 기절할 정도로 충격을 받고 말았다.

그건 그동안 내가 찾아 헤매던 바로 그 답이었고 나는 라포르테의 말에 완전히 공감했다. 핵심은 이거다. '매 순간 균형 잡힌 삶을 살고 있는 여성은 본 적이 없다. 스스로 본인의 삶이 100퍼센트 균형 잡힌 삶이라고 말하는 사람이 있다면 그 사람은 신경안정제에 취했거나 당신의 면전에 대고 거짓말을 하고 있는 것이다.'

우리는 끊임없이 밀려드는 '반드시' 해야 할 일들에 치여 산다. 일도 잘하고 자기 계발도 하고 가족에도 충실하고 심지어 삶의 여유도 누린다는, '균형 잡힌 삶이라면 해야 할 일'에 치여 정신없이 살고 있다.

하지만 바쁘게 살다 보면 필연적으로 직장이나 관계에서, 혹은 가족으로서 친구로서 자신의 역할을 조금씩 놓치게 되고, 나는 부족한 사람이라는 기분이 뒤이어 밀려오기 마련이다. 환상에 불과한 무지개를 발견 못한다는 이유로 늘 '기대에 못 미치는 나'가 되는 것이다.

몇 년 전 나의 스승님은 삶의 균형을 가축을 치는 목축 견에 비유하셨다. 모든 소들은 한동안은 명령에 따라 한데 움직이지만, 시간이 지나면서 한 마리 두 마리씩 대열을 이탈하고 만다. 그러면 목축 견은 무리를 이탈하는 소를 향해 달려 그들을 다시 대열에 합류시킨다. 이런 일이 여러 차례 반복되는데, 그건 짐승 무리의 어쩔 수 없는 속성이다. 목축 견은 어떤 소가 언제 무리를 이탈할지 결코 알 수 없지만, 자신의 임무가 소떼를 질서 있게 몰아 전체 무리가 안전하게 머물 수 있게 하는 일이라는 건 알고 있다.

즉 처음부터 한 방향으로 이탈 없이 달리는 완벽한 소떼 같은 건 없다. 우리의 인생도 크게 다르지 않다고 생각한다. 특정한 방향의 삶의 균형에 대한 강박을 내려놓는 것이 자유를 향한 첫걸음이다.

본격적으로 그 방법에 대해 이야기하기 전에, '삶의 균형'이라는 용어를 '미쳐 돌아가는 이 세상에서 분별력을 갖추기 위한 노력'으로 바꾸고자 한다. 그 편이 더 이해하기 좋으니까.

1. 제 4장의 당신의 가치 목록, 제 13장의 타협 불가 항목들을 다시 검토하자. 당신에게 가장 소중한 일을 위해선 아무것도 하지 않은 채 '시간이 없었다'는 핑계만 대고 있는가? 그런 상황이라면 '균형 잡힌' 삶이 애초에 가능할까?

2. 당신이 자신의 삶을 타인의 삶과 비교하고 있다는 사실을 알아차리자. 당신이 비교 대상으로 삼은 그 사람의 인생도 사실은 현실과

는 동떨어진, 밖에서 본 그림에 불과할 가능성이 높다. 어떤 사람들의 소뼈가 이탈 없이 잘 관리되고 있고, 그게 그들의 삶에서는 늘 있는 일처럼 보이겠지만, 사실이 아니다. 그러니 누군가의 사진첩에서 웃고 있는 여행 사진, 휴가 사진, 수상식 사진, 반짝이는 화려한 시간들을 보며 부러움에 길을 잃은 나를 발견하면 정신 차리도록 하자.

3. 당신이 생각하는 균형 잡힌 삶은 어떤 모습인지, 어떤 기분을 주는지 구체적으로 그려보자. 그 모습을 선명하게 그릴 수 있게 되면 융통성과 때때로는 일탈까지도 끼어들 여지를 마련할 수 있다.

여성들이여, 우리는 모두 때때로 넘어지고 표류하기도 한다. 삶의 모든 영역을 잘 해내는 것을 균형이라 여기며 이 미신을 좇고 싶은 마음이 들 때면 스스로에게, 그리고 서로에게 조금은 여유를 주자.

48

실패해보지 않은
삶이 실패다

이번 장의 제목을 보고 조금 움찔했다면 걱정할 필요 없다. 나도 제목을 쓰면서 움찔했으니까.

'실패'라는 단어는 많은 사람들이 욕만큼이나 듣기 싫어하는 단어이다. "실패란 고통스럽고, 추하고, 치욕스럽고, 용납할 수 없는 일이야!" 주니어 풋볼 리그에 아이들을 출전시켜 놓고 응원석에서 흥분한 아버지들에게 물어보면 분명 이마에 핏대를 세우고 이렇게 대답할 것이다.

실패를 주제로 이야기하는 사람이 내가 처음은 아니다. 인생에서 실패가 얼마나 중요한지에 대한 기사가 인터넷상에도 홍수를 이룬다. 정신과 의사, 학자, 교사들 할 것 없이 이 주제에 대해 정기적으로 이야기한다. 하지만 여전히 우리는 실패에 크게 아파한다.

여성들에게는 종종 완벽주의와 외모, 타인의 시선이 실패의 연료로 작용한다. 아주 비극적인 일이 아닐 수 없다. 우리가 새로운 시도를 꺼리는 이유도 타인의 의견이 두려워서일 때가 많다. 하지만 실제로는 그 '타인' 역시 자기만의 두려움에 사로잡혀 있기도 하고, 우리의 생각만큼 남의 일에 크게 관심이 있는 것도 아니다.

이렇게 생각하면 좀 우습지 않은가?

좋은 소식 하나는, 모두가 실패를 경험한다는 것이다. 시험에 실패하거나, 관계에, 사업에, 새로운 아이디어에, 롤러블레이드를 타는 데 실패하거나, 가죽 바지 스타일을 시도했다가 실패하기도 한다. 모두가 위험을 감수하고 매일 도박을 걸며 살아가는데 그것도 인생의 한 부분이며, 물론 뜻대로 되지 않을 때도 있다.

당신이 실패를 경험한 일을 떠올리자. 그 일을 어떻게 이야기하고 싶은가? 예를 들어, 당신이 사업을 시작했고, 자금을 조달하느라 저축했던 돈까지 다 보탰는데 결국 사업을 접어야 했다. 누군가에게 그 일에 대해 "사업이 잘 안 됐고, 난 모든 걸 잃었어. 정말 기분 더러웠지. 차라리 처음부터 시작하지 않았더라면 더 좋았을 텐데. 정말 바보 같은 결정이었어"라고 말할 텐가? 아니면 "불행하게도 사업을 접어야 했지만 그 경험으로부터 배운 게 참 많아. 정말 좋았어"라고 말할 것인가?

상황을 어떤 시각에서 볼 것인지에 대한 선택뿐 아니라 그 이야기를 다른 이들에게 어떻게 전할 것인지에 대한 선택도 당신의 몫이다. 자신의 실패에 대해 떠올리거나 이야기할 때 어떤 기분이 드는가? 이번 장쯤 되면 눈치 챘겠지만 '기분'이 많이 상한다면 그 상황에 대한 당신의 '생각'을 바꿀 필요가 있다. 당신이야말로 생각의 전능한 지배자이자 기분의 창조주니까.

받아들이기 두려운 진실 하나. **만일 지금까지 단 한 번도 실패해본 경험이 없다면 그건 당신이 충분히 노력하지 않았다는 뜻이다.** 이를테면, 이길 만한 도박만 한 셈이다. 그리고 계속 그 상태에만 머무른다면 바로 그게 당신의 실패로 기록될 것이다.

가장 좋아하는 운동선수, 작가, 혹은 배우가 얼마나 많은 실패를 거듭했는지 생각해본 적이 있는가? 아니. 당신은 그저 당신의 눈에 그들이 얼마나 멋진지에 대해서만 생각한다.

이 세상을 떠난 당신에게 생전에 얼마나 많은 실패를 겪었는지에 대해서 이야기할 사람은 없다. 설사 있다 해도 상관없다. '뜨개질로 담요를 만들려다 실패했대', '사업을 하려다 접었대', '빵을 굽는 데 실패했대'에 관심을 둘 사람도 없을 것이다. 그들이 이야기하고 떠올리는 건 오직 눈부시게 멋졌던 당신의 모습뿐일 것이다. 그런데 실패에 대한 두려움에 사로잡혀 안전한 일에만 시간을 투자한다면 그들이 이토록 멋진 당신의 모습을 어떻게 짐작이나 할 수 있단 말인가?

실패에 대한 두려움으로 원하는 일을 하지 못하고 주저하는 여성들을 늘 만난다. 그들 중 대다수는 실제로 행동을 취하기에 앞서서 두려움을 없애야 한다고 생각한다.

솔직히 말해서 나는 '두려움 없는'이라는 단어가 싫다. 그 말 자체가 거짓말이라고 생각하기 때문이다. 사람마다 정도는 다르겠지만 우리 모두 두려움을 느끼며 산다. 그저 누군가는 두려움을 견디며 가기로, 다른 누군가는 그러지 않기로 결정한 것뿐이다.

〈쓰리 킹즈〉라는 영화에서 조지 클루니가 맡은 '아키'라는 인물이 이렇게 말한다. "중요한 건 네가 두려워하는 그 일을 일단 저지르는 데 있어. 용기는 그다음에 생기는 거야. 그 전이 아니라." 나는 그의 말에 동의한다. 자, 어떤가. 우리가 두려워하는 일, 실패할까 두려운 그 일을 일단 저지르고 나야 비로소 용기를 얻게 되는 거라면, 당신이 앞둔 도전에도 힘이 되는가? 당신이 용감하다고 생각하는 모든 사람들이, 사실은 행동을 취한 '뒤에야' 용기를 얻게 된 것이라고 한다면, 당신에게도 좋은 자극이 되는가?

도전할 용기는 애초에 있는 것이 아니라
도전한 뒤 생기는 것이다.

실패라고 부를 수 있는 유일한 것은 바로 '도전하지 않는 삶'이
다. 내면의 비관주의자에게 당신의 삶을 대신 살게 하고, 결정을
대신 내리게 하는 것, 모두에게 좋은 모습만 보여주기 위해 안전한
길만 걷는 것, 그것이 진정한 실패다.

그리고 그런 삶을 살기엔 당신은 너무 멋진 사람이다.

49

운동은 "너무 많이 먹었어"의 벌이 아니다

이 주제를 다루지 않고는 이 책을 완성할 수 없었다.

만일 운동이 당신의 친구라면 이번 장은 그냥 넘어가도 좋다. 하지만 이 세상 대부분의 사람들이 그렇듯 운동을 좋아하고 싶지만 도저히 좋아할 수 없다면 열심히 읽어주시라.

당신이 운동을 좋아하지 않는 데는 생리학적인 이유가 있을 수 있지만 이번 장을 끝으로 책을 덮는 불상사를 방지하기 위해 그건 자세히 다루지 않겠다. 참고로, 그 얘기는 아주 지루하다. 하지만 제발 운동을 벌이라고 느끼지는 말자. 물론 그동안 당신 자신이든, 체육 교사든, 의사든 혹은 부모님이든 뜀뛰고 땀 흘리는 걸 벌주는 수단으로 활용해왔기 때문에 많은 사람들이 운동을 싫어하는 것이 놀랄 일은 아니다. 그리고 제발 부탁인데, 다이어트 식단을 제대로 지키지 않았다는 이유로 스스로를 운동으로 벌주지 말자. 그 어떠한 것도 당신이 벌 받아 마땅한 이유가 될 수 없다. 하물며 다이어트는 더더욱 아니다.

이번 장의 전제는 인간의 몸은 움직임을 위해 만들어졌다는 것이다. 물리적·생물학적으로 우리의 몸은 운동의 목적이 '생존'이었던 수천 년 전의 인류에 비해 크게 진화하지 않았다. 하지만 엄밀히 말하면 그건 이동이었지 운동이라고 할 수도 없다. 먼저 여기서부터 시작해보자. 운동을 움직임의 관점에서 바라보는 거다. 칼로리는 얼마나 태웠는지, 얼마나 오래 운동했는지, 어떤 운동복이 더 날씬해 보이는지 따위는 걱정은 하지 말고.

여기서 아주아주 중요한 점은 당신에게 즐거운 일을 하는 데 있다. 그 무엇도 당신을 즐겁게 할 수 없다고 말한다면 거짓말은 집어치우라고 할 수밖에. 왜냐하면 아침에 침대에서 몸을 일으켜 커피 메이커까지 걸어갈 힘이 있다면 움직이고 놀 에너지도 만들어낼 수 있으니까.

혹시 그동안 해보고 싶었던 운동이 있었던 건 아닌가? 당신이 줌바 댄스를 하고 싶은 남성일 수도, 복싱을 하고 싶은 여성일 수도 있고, 마침 공중그네에 도전하고 싶었던 사람일 수도 있다. 흥

겨운 전화벨 소리가 울릴 때마다 참지 못하고 몸을 흔들어야 직성이 풀리는가? 그렇다면 집 안에서, 차 안에서, 옷을 갈아입는 와중에도 어디서나 춤을 추자. 몸을 움직이기 위해 하는 일들이 모두 운동처럼 보일 필요는 없다. 헬스장을 싫어하는 사람도 있는데 그래도 괜찮다. 다른 방법을 찾아보면 되니까.

몇 달 전, 롤러 더비에 도전하기 위해 롤러스케이트를 사러 갔는데 60대 중후반으로 보이는 한 여성이 가게 안으로 들어섰다. 그녀도 역시 롤러스케이트를 사러 왔다고 했다. 우리는 자연스럽게 이야기를 나누기 시작했고, 그녀는 운동을 좋아하지만 걷는 건 이제 지겹다고 했다. 그래서 어린 시절에 즐겨 탔던 롤러스케이트를 다시 타고 싶은 마음이 들었다는 것이다. 스케이트가 자꾸 꿈에 어른거려서 생일을 맞아 스스로에게 롤러스케이트를 선물하기로 했다고 한다.

이런 멋진 여성을 봤나!

얼마간 이야기를 더 나눈 뒤 나는 다시 스케이트를 타기로 결심한 그녀가, 마음이 시키는 일을 하는 그녀가 정말 멋있다고 말해주었다. 그녀는 안심이 된다는 듯한 얼굴로 "이 가게에 들어서면 할머니가 돼서 스케이트를 타고 싶어 한다고 비웃음을 살 거라고 생각했어요"라고 말했다.

나는 그 답을 듣고 생각이 많아졌다. 운동을 하는 사람들 중에,

그 운동을 '해야 한다'는 마음에, 혹은 진짜 하고 싶은 운동이 있지만 두려운 마음이 커서, 하고 싶지 않은 운동을 억지로 하는 사람이 얼마나 많을까? 달리기를 싫어하지만 운동하려고 뛴다는 사람을 셀 수 없이 만났다. 달리기가 싫으면 달리지 마라. 요가가 세상에서 가장 지루하다고 느낀다면 그만두자. 다른 걸 찾으면 그만이다. 당신에게 꼭 맞는 것, 아니면 적어도 싫은 것보다는 나은 운동을 찾을 때까지, 필요하다면 스무 번이라도 다양한 운동을 시도해보라. 운동은 데이트와 마찬가지다. 당신에게 맞지 않으면 다른 상대를 찾으면 될 일이다.

다시 묻겠다. 인생의 마지막 날에 뒤를 돌아봤을 때 당신이 좋아하지도 않는 활동을 하느라 수백 시간을 보냈다는 사실에 만족할 수 있을 것 같은가?

당신을 불행하게 하는 활동에 등록하면 당신은 당연히 '불행한 활동'을 하게 된다. 운동을 스스로에 대한 벌이 아니라 '움직임'으로 다시 명명하자. 고정관념을 깨고 당신이 원하는 것을 하자. 여기에 참고할 만한 팁을 남긴다.

- **운동 파트너를 구하라.** 달성할 수 있는 현실적인 목표를 세우고, 목표에 책임감을 부여하려면 어떻게 해야 할지 파트너와 함께 방법을 구상한 뒤 실천하자.
- **성취에 미친 듯이 기뻐하자.** 당신의 목표가 운동을 시작하는 것뿐일

지라도 그 역시 축하할 만한 일이다. 습관을 만들고 지키는 것이 가장 어려운 부분이다. 그러니 단 5분간 운동을 했더라도 그것은 승리를 거둔 것이나 마찬가지다!

- **거북이걸음을 걷자.** 너무 많은 것을 단숨에 해치우려 하면 지치고, 다치고, 녹초가 되고, 심지어 지루해질 수 있다. 그러면 아주 작은 쓰라림으로도 운동을 관두기 쉽다. 때때로 아기 걸음마조차 너무 큰 걸음처럼 느껴질 땐 거북이걸음도 괜찮다.

추신. 숨 쉬기 운동도 운동으로 치자면 칠 수 있다. 하지만 당신의 유일한 운동이 숨 쉬기 운동이어서는 안 된다.

50

나보다 커다란 존재
하나쯤 간직하자

이번 장은 조금 논란의 여지가 있을 수 있다. 이 이야기를 좋아할 사람도, 싫어할 사람도 있을 것이다.

고백하자면 나는 종교가 없는 사람과 결혼했다. 내가 마지막을 맞이하는 날이 마침내 오면 신께서 "인생을 꽤 잘 해냈군! 하지만⋯ 나를 믿지 않는 사람과 결혼을 하다니! 대체 무슨 짓인가?"라고 묻지 않을까 궁금하기도 하다.

나는 결코 누가 어떤 신을 믿는지를 가지고 사람을 판단하지 않는다. 남편은 '빅뱅 이론'을 굳게 믿고 있기 때문에, 우리가 죽으면 우릴 기다리는 건 죽음뿐 다른 무언가는 없다고 생각한다.

반면 나는 생각이 다르다. 기독교 집안에서 자랐기 때문이기도 하지만, 더 중요한 이유는 나 스스로 어딘가에 나보다 거대한 존재가 있다고 믿기로 했기 때문이다.

내 인생에서 가장 힘든 시기에 (부모님의 이혼, 나의 이혼, 나의 각성, 그리고 그 후에 벌어진 일들) 나는 절망적이었고, 희망이 없었고, 길을 잃은 기분이었다. 모든 것을 내려놓고 고통과 괴로움을 놓아주고 치유하는 일이 그 순간 내게는 간절했다.

당신이 무엇을, 누구를 믿는지, 아니면 믿지 않는지는 중요하지 않다. 하지만 나는 우리 인간이 무언가를 통제하려는 의지를 포기할 수도 있어야 한다고 생각한다. 고통을 놓아버릴 수도 있어야 한다.

결혼 생활이 무참히 끝나버린 날로부터 며칠 후, 어머니와 새아버지가 내 작은 아파트를 방문했다. 어느 날 퇴근해서 집에 오니 어머니는 산책을 하다가 발을 접질려 넘어졌고, 그 바람에 바닥에 얼굴이 쓸렸다. 상처가 심하지는 않았지만 당시에 나는 한쪽 얼굴이 햄버거 고기같이 되어버린 어머니의 얼굴을 보는 것 자체를 감당할 수 없었다. 집으로 돌아가서 몸을 추스르시라고 부모님을 보내드리고 집에 돌아와 문을 닫았다. 그리고는 그대로 바닥에 엎어져 울고 말았다.

나는 이렇게 외쳤다. "내게 무엇을 주시려는 건지 알지 못 하겠어요… 하지만 이건 아니잖아요. 이 고통과 괴로움을 더 견딜 수 없습니다. 내 심장이 더는 견딜 수가 없어요. 제발 도와주세요. 조금이라도 고통을 덜어주세요." 그 순간 내 삶이 마법처럼 바뀐 것은 아니다. 구름이 갈라지고 빛이 드리워진 것도 아니다. 하지만 내 마음가짐이 변했다. 내 삶이 영원히 고통 속에 있을 필요는 없다는 희망을 느꼈다. 더 나은 일, 더 큰일이 나를 위해 준비되어 있다는 걸 느꼈다. 내가 할 일은 그저 희망을 잃지 않고 마음속에 품은 채 지내는 것뿐이었다. 희망으로 가는 길에 그 빛의 아주 작은 귀퉁이를 본 것에 불과하다고 해도 말이다.

천사이거나, 영혼이거나, 신이거나, 우주이거나 무엇이어도 좋다. 오직 사랑으로만 이루어진 어떤 존재가 어딘가에 있고 나를 돌봐주고 있다는 믿음의 힘이 우리의 인생을 바꿀 수 있는 것이다. 당신을 굽어 살피는 거대한 사랑의 에너지가 어딘가에 있다고 믿는 것, 그 자체가 당신에게 기분 좋은 일 아닐까?

사실 나는 낙하산에 손을 뻗으면서 신을 부르는 그런 종류의 사람이었다. 낙하산을 향해 손을 뻗는 동시에 "이런 망할! 도와줘요!"라고 소리도 질렀다.

'종교적 신념'이라는 단어 자체가 사람들을 불편하게 하거나 '종교'가 어떤 사람들을 달아나 숨고 싶게 만드는 말이란 것도 알고 있다. 그러니 당신이 부르기 편한 대로 부르자. 사랑이라고 불러도 좋고, 초월적 존재, 세상의 근본, 뭐든 당신을 기분 좋게 하는 이름으로 부르자. 어쨌든 당신을 기분 좋게 하는 그 무언가가 당신이 하는 다른 모든 일에도 좋은 작용을 하기 때문이다.

당신이 원하지 않는다면 어떤 종류든 종교를 가지라고 요구할 생각은 없다. 그저 당신의 인생에서 당신이 통제력을 놓을 수 있는 공간, 즉 아픔과 분노, 무기력과 절망, 스트레스, 그리고 당신을 숨 막히게 하는 모든 것들을 잊어버릴 공간을 찾을 수 있기를 바랄 뿐이다.

왜냐하면 당신이 거침없이 멋진 인생을 사는 데 필요한 만큼의 에너지가 당신의 인생을 평온하고 편안하게 만드는 데도 필요하기 때문이다.

이건 사실이다.

51

나쁜 감정과
조금 더 친해지기

내가 '감정 억누르기 마을'의 시장 직을 역임하지 않았더라면 이번 장을 쓰는 일도 없었을 것이다. 정도의 차이는 있었지만 나는 연애에, 쇼핑에, 체중계에, 운동에, 완벽주의에, 통제에, 술에 중독되어 있었다. 2011년에 중독에서 벗어나게 될 때까지 나는 내가 감정을 억누르기 위해 다양한 방법들을 능수능란히 사용하고 있다는 사실을 깨닫지 못했다. 마치 정글을 헤집는 타잔이라도 된 것처럼 이 방법 저 방법 사이를 점프해 가기도 했다.

일부 독자들은 저런 중독에 빠지지 않아 이 주제를 자신과 연관 짓지 못하기도 한다. 하지만 당신이 외부적인 수단을 사용하여 지금 느끼는 감정을 전환하려고 끊임없이 애쓴다면 당신은 바로 그 수단에 중독된 것일 수 있다.

스트레스를 받거나, 화가 나거나, 절망하거나, 분노하거나, 외롭거나 슬플 때 기분 전환용으로 술을 마시는가? 폭식을 하거나 사랑, 섹스, 데이트를 갈구하는가? 아니면 잠을 자버리거나 수다를 떨거나 할 일을 미루는가?

혹시 그 기분 그대로 주저앉아 감정이 당신을 스쳐가도록 두는가? 만약 이 행동이 완전히 낯설고 두려운 개념이라면 계속 읽어보자.

우리 사회는 특정한 감정들은 '나쁜' 감정이라고 가르친다. 예컨대 좌절과 분노, 질투가 나쁜 감정에 속하며 심지어 슬픔 역시 오명의 주인공이다. 또한 우리 사회는 특정한 감정을 느껴야만 한다거나 느껴서는 안 된다고 강요하며 '더 나은' 기분으로 전환하기 위해 반드시 해야 할 일이 무엇인지 가르치기도 한다.

반드시, 반드시, 반드시. 쳇!

감정을 억누르게 하는 또 다른 요소는 특정한 감정을 강요하는 타인이다. 지금까지 "너무 안 좋게 생각하지 마"라거나 "울지 마… 그렇게 나쁜 일도 아니야. 그만하길 다행이지"라는 말을 몇 번이나 들어봤는가? 그런 말을 듣고 나면 사실은 기분이 더 상하는데, 그건 당신이 기분을 부정당했기 때문이다. 하지만 그런 말은 당신과는 아무런 상관이 없는 말이다. 그들에게 해당되는 말일뿐.

그들은 고통을 겪고 있는 당신을 보는 게 불편하고, 자신이 느끼는 불편한 기분은 떨쳐버리고 다시 행복감을 느끼고 싶을 뿐이다. 의도는 좋을지 몰라도 대체로 그런 말들은 당신의 기분을 더 상하게 하거나 당신으로 하여금 감정을 억누르기 위해 무슨 일이든 하게 만든다.

**타인이 자신의 불편감을 떨치기 위해
당신에게 하는 말은 당신과 아무런 상관이 없다.**

수개월 동안 나와 함께 훈련을 해온 고객이 있다. 우리는 나아진 정도를 확인하기 위해 한 달에 한 번씩 만났는데, 한 번은 그녀가 직장에서 스트레스가 심해서 불안증이 생겼고 과거에 하곤 했던 부정적인 생각들이 다시 고개를 든다고 말했다. 그래서 지금 당장 고치지 않으면 과거의 모습으로 돌아가 버리게 될까 봐 불안한 마음에 내게 도움을 요청했다.

그녀는 '그 감정이 사라지게 해주길' 원했다. 내가 말했다. "물론이죠, 함께 노력해볼 수 있어요. 그런데 그 감정에 맞서 싸우거나 거부하는 대신 기분을 받아들이고 있는 그대로 느껴보면 어떨까요? 어떻게 생각해요?" 그녀는 이렇게 대답했다.

그래도 된다니, 다행이에요.

만약에…

- 우리가 느끼는 감정이 우리에게 필요한 감정이라면?
- 우리의 감정 중 그 어떤 것도 '나쁘'거나 '잘못'된 감정이 아니라면?
- 감당하기 조금 어려운 기분을 느끼는 것이 단지 우리가 인간이 되는 과정의 일환이라면?
- 그 모든 감정을 느낌으로써 훨씬 멋진 사람으로 성장할 수 있다면?
- 그 모든 감정을 느낌으로써 이 세상과 나 자신에 대해 더 많은 것을 배울 수 있다면?
- **만약에 그 모든 감정을 느끼는 일이 사실은 대수롭지 않은 일이라면?**

제 1장에서 당신의 기분을 결정하는 사람은 바로 당신이라고 했던 말을 기억하는가? 그 감정을 느낄지 말지, 선택은 당신의 몫이다. 하지만 감정을 억누른다고 해서 사라지는 게 아니라는 것을 기억하자. 그 감정은 여전히 존재한다.

나도 경험자여서 중독의 실체를 이해한다. 그러니 자신이 중독에 시달리고 있다는 생각이 든다면 전문가의 도움을 받도록 하자. 어떤 것을 일단 자각하고 나면, 한 번 알게 된 것을 다시 모르게 될 수는 없다. 당신이 하는 어떤 행동이 당신에게 좋지 않다거나, 심지어 해가 된다는 것을 깨달아버리면, 그 깨달음을 무시하기도 매우 어려워진다.

핵심 자신의 상태에 대해 아주 솔직해질 것.

어떤 감정들은 또렷하게 느껴지기도 하지만, 때때로는 우리가 억누르려 하는 감정이 무엇인지조차 알지 못할 때가 있다. 만약 그렇다면 앞으로 3일 동안 감정을 억누르려는 시도를 멈춰보자.

술, 약, 음식 등이 자꾸 당긴다면 그때 당신이 느끼는 감정이 무엇인지를 자문하자. 당신은 지금 무엇을 바꾸려고 노력 중인가? 무엇으로부터 달아나는 중인가? 당신을 불편하게 하는 것이 무엇인가?

그 기분을 그대로 끌어안고 잠시 앉아 있자. 어떤 기분이 들었든 당신에게는 아무 문제가 없다는 사실도 기억하자. 어떤 감정이든 그 감정을 느끼는 것은 절대 잘못이 아니다. 어떤 부분에서 도움이 필요한지 깨닫게 될 때까지 이 3일간의 훈련을 계속 시도해보자.

52

지금 그곳이
바로 내가 있어야 할 곳

"그곳이 바로 당신이 있어야 할 곳입니다"라는 말을 처음 들었던 게 언제인지는 기억나지 않는다. 하지만 내가 절망에 빠져 힘든 시간을 보내고 있었다는 것, 그래서 그 말이 너무 불쾌했던 것은 또렷하게 기억난다. 아마 그 말을 한 사람에게 꺼져버리라고 막말을 했던 것 같다. '남한테 하는 말이니 저렇게 쉽게 하지'라고 생각했는데, 사실은 그 말을 어떻게 받아들여야 할지 몰랐다.

내가 배우게 된 것. 힘든 시기를 지나고 있든 즐겁고 행복한 순간을 즐기고 있든, 모든 순간은 좋든 싫든 당신이 걷고 있는 인생이라는 길에 아주 중요한 순간들이라는 것. 이때 가장 중요한 단어는, 스스로의 믿음.

온 우주가 당신의 등을 든든히 떠받치고 있다는 믿음. 당신은 반드시 잘할 수 있고, 그럴 능력을 가졌다는 믿음. 지금 당장은 원하는 곳에 있지 못할지라도 아주 멋진 일이 곧 생길 거라는 믿음. 그리고 당신에게는 포기하지 않을 힘과 인내심이 있다는 믿음. 왜냐하면 힘든 상황을 해소할 유일한 방법은… 정면 돌파밖에 없으니까 말이다.

당신은 반드시 잘할 수 있고,
그럴 능력을 가졌다는 믿음.

자존감도 자존심도 낮아 스스로를 다른 사람과 비교하고 있는가? 아픔이 치유된 언젠가, 당신이 예전의 자신으로부터 얼마나 멀리 왔는지 높이 성장했는지 감동을 맛보게 되리라는 믿음을 가지자.

이별의 상처에 힘들어하고 있는가? 그 경험을 바탕으로 다음 연애에서는 당신이 원하는 것과 원하지 않는 것을 명확하게 볼 수 있게 될 것이다. 더 나은 연인이 되기 위해 필요한 점을 갖게 될 것이고, 관계 속에서 어떤 것들을 감내할지 선택할 수 있게 될 것이다.

슬픔에 빠져 있는가? 심리 상담사들이 슬픔을 '치유의 감정'이라고 부르는 것을 들은 적이 있다. 그리고 나는 그들의 말을 믿는다. 참기 어렵고 힘든 감정 아니냐고? 물론 그렇다. 때로는 매일 5킬로그램짜리 감자 포대를 심장에 매단 채 걷고 있는 기분이 들 때도 있다. 그럼에도 그 슬픔이 결국엔 당신을 치유할 것이라는 믿음을 가지자.

중독에 빠져 허우적거리고 있는가? 거식증을 앓고 있는가? 음식, 술, 약물, 사랑, 섹스, 관계, 쇼핑 등에 중독되었는가? 출구가 없는 것처럼 보일 수도 있다. 이 터널 끝에 빛이 보이지 않는 것처럼 느낄 수 있다. 하지만 지금의 어둠이 결국에는 당신을 나아가게 할 거대한 힘을 품고 있다는 믿음을 가지자.

당신의 인생 목표가 무엇인지 알 수 없는가? 시간은 흐를 뿐이고 다른 사람들은 모두 잘하고 있는데 나만 길을 잃은 기분인가? 당신이 목표를 찾는 게 아니라 목표가 당신을 찾아올 것이라는 믿음을 가지자.

나는 종종 상담자들에게 "지금 이 순간이 행복한 이유는 무엇인가요?"라고 묻는다. 사실 어떤 사람들은 전혀 행복하거나 완벽해 보이지 않는 순간에 뭔가를 떠올려야 한다는 생각에 질문을 거슬려 하거나 혼란에 빠지기도 한다.

'행복한' 무언가를 찾는 것이 너무 어렵다면 지금 이 순간이나 상황에 나쁘지 않은 것이 무엇인지를 떠올려보자. 그 점에 집중하면 된다. 치유로 가는 길에 놓인 작은 디딤돌 위에 잠시 쉬어갈 수 있도록 하자. 당신이 여정 중에 떨어뜨린 작은 빵조각들이 모여 가장 크고 가장 멋진 당신을 완성할 것이다.

《마마 지나의 여성 예술 학교》의 저자 마마 지나는 '지금 있는 곳이 바로 당신이 있어야 할 곳이라고 결정하라'라고 말한다. 키워드는 '결정'이다. 결정, 결정, 결정. 나는 저항하려 할수록 상황은 지속된다고 믿는 사람이다. 어려운 상황에서 달아나려고만 하는 자신이 싫다면, 지금 당신이 있는 그곳이 바로 당신이 있어야 할 곳이라고 스스로 결정해보는 것이다.

당신이 어디에 있든 적어도 '그 자리에 머물기'는 언제든 선택지가 되어준다. 내일, 이번 주, 이번 달, 올해에 조금도 더 똑똑해지거나, 현명해지거나, 행복해지거나, 용감해지거나, 나아지거나, 부지런해질 수 없다면? 그때 당신이 할 수 있는 최선은 그대로 유지하기일 것이다.

가장 당신다운 모습, 당신의 끝내주게 멋진 인생은 아직이라고 느끼겠지. 하지만 걱정하지 말자. 그 인생은 저기 어딘가에서 당신을 기다리고 있을 테니. 당신의 모든 실수와 잘못된 선택, 한 발자국도 나아가지 않는 하루 역시도 당신이 도달하고야 말 그곳에 가기 위해 필요한 경험들이니까. 분명.

옮긴이 임가영

전남대학교 신문방송학과 졸업 후 서울외국어대학원대학교 통번역대학원을 졸업했다. 역서로는《누구를 만나도 당당한 사람의 비밀》,《피니시》,《하버드 비즈니스스쿨 인간관계론 강의》,《최강소비권력 Z세대가 온다》,《왜 좋은 습관은 어렵고 나쁜 습관은 쉬울까?》등이 있다.

운명 따위
엉덩이를 걷어차 버려!

신개정판 1쇄 인쇄일 2021년 08월 10일
신개정판 1쇄 발행일 2021년 08월 20일

지은이   안드레아 오언
옮긴이   임가영
발행인   이지연
주간   이미숙
책임편집   정윤정
책임디자인   이경진 권지은
책임마케팅   이운섭 신우섭
경영지원   이지연

발행처   ㈜홍익출판미디어그룹
출판등록번호   제 2020-000332 호
출판등록   2020년 12월 07일
주소   서울시 마포구 독막로18길 12, 2층(상수동)
대표전화   02-323-0421
팩스   02-337-0569
메일   editor@hongikbooks.com

제작처   갑우문화사

ISBN   979-11-9142-043-2 (03190)

※ 이 책은《어쨌거나 마이웨이》의 신개정판입니다.